Ottocar Weber

Die Quadrupel-Allianz vom Jahre 1718

Ein Beitrag zur Geschichte der Diplomatie im achtzehnten Jahrhundert

Ottocar Weber

Die Quadrupel-Allianz vom Jahre 1718
Ein Beitrag zur Geschichte der Diplomatie im achtzehnten Jahrhundert

ISBN/EAN: 9783741183874

Hergestellt in Europa, USA, Kanada, Australien, Japan

Cover: Foto ©ninafisch / pixelio.de

Manufactured and distributed by brebook publishing software (www.brebook.com)

Ottocar Weber

Die Quadrupel-Allianz vom Jahre 1718

DIE

QUADRUPEL-ALLIANZ

VOM JAHRE 1718.

EIN BEITRAG

ZUR

GESCHICHTE DER DIPLOMATIE

IM ACHTZEHNTEN JAHRHUNDERT

VON

Dr OTTOCAR WEBER.

WIEN.
PRAG.   F. TEMPSKY.   LEIPZIG.
F. TEMPSKY.   G. FREYTAG
1887.

VORWORT.

Gegenstand der vorliegenden Arbeit ist die Quadrupel-Allianz vom Jahre 1718; sie eigentlich und nicht der Friede von Utrecht hat dem fünfzigjährigen Streite um das Erbe der spanischen Habsburger ein Ende gemacht. Die diplomatischen Verhandlungen Westeuropas mit dem Kaiser, hauptsächlich in den Jahren 1716—1721, darzustellen ist nun die Aufgabe, der sich der Verfasser der nachfolgenden Schrift auf Grundlage eines reichen handschriftlichen, bisher unbenutzten Materiales unterzogen hat.

In erster Linie bot das k. k. Haus-, Hof- und Staatsarchiv in Wien reiche Ausbeute; anschliessend daran wurden die königlichen Staatsarchive in Berlin und Hannover, das Archive du Ministère des Affaires Étrangères in Paris und das Record-Office in London benützt.

Neben den Berichten der Gesandten und den Weisungen ihrer Regierungen waren es noch insbesondere drei Memoirenwerke, welche dem Verfasser schätzbare Mittheilungen boten. 1. Die Memoiren des Grafen von Bothmer, handschriftlich erhalten im k. Staatsarchive zu Hannover, kürzlich von Dr. R. Döbner im 26. Bande der „Forschungen zur deutschen Geschichte" herausgegeben. 2. Mémoires diplomatiques concernant les affaires générales de l'Europe dans les premières années qui suivirent la mort de Louis XIV, d'après les correspondances secrètes rassemblées par J. B. Colbert, marquis de Torcy et de Sablé. (Manuscript der Bibliothèque Nationale in Paris, Fonds Français 10670—10672, drei Bände.) 3. Memorie delle cose accadute a D. Antonio Giudice Principe di Cellamare Cavallerizzo maggiore della Regina Elisabetta Farnese Gentiluomo della

Camera ed Ambasciadore del Rè Filippo V. nella Corte di Francia. (Manuscript des British Museums, State Papers 8756, ein Band.) Betreffs der Memoiren von Torcy sei bemerkt, dass dieser nach dem Tode Ludwigs XIV. Intendant der Posten geworden war. Lemontey (Histoire de la Régence I, 51) sagt von ihm: „On le renvoya pour son mérite, mais on le retint pour ses connaissances dans l'espionnage des postes." Der letzteren Thätigkeit des Marquis scheinen diese Memoiren ihren Ursprung zu verdanken; er hat wohl alle Schriftstücke, welche die französische Regierung und die auswärtigen Vertreter in Paris in den Jahren 1716—1718 erhalten haben, zuerst geöffnet und deren Inhalt aufgezeichnet. So kommt es, dass die Memoiren wichtige Nachrichten und unverbürgte Gerüchte gleichwerthig nebeneinander stellen, auch sich oft wiederholen und widersprechen; mit dem Eintritte Dubois' ins Ministerium hören sie auf.

Mit W. S. A. sind die Actenstücke des Wiener Haus-, Hof- und Staatsarchivs, mit Han. A. die des Hannoveraner Staatsarchivs, mit M. A. E. die des Archive du Ministère des Affaires Étrangères in Paris, mit R. O. die des Record-Office in London bezeichnet.

Zum Schlusse erfüllt der Verfasser die angenehme Pflicht, jenen Herren, welche seine Arbeiten in so überaus liebenswürdiger Weise gefördert haben, insbesondere Sr. Excellenz Geheimrath Alfred Ritter von Arneth, den k. k. Archivaren A. Felgel und Dr. Winter in Wien; Geheimrath Heinrich von Sybel, k. Archivaren Dr. Döbner und Dr. Meinhardus in Berlin; Archivrath Dr. Jaennicke in Hannover; MM. Girard de Rialle, Chévrier und Farges in Paris; Mr. E. M. Thompson in London seinen tiefgefühltesten Dank auszusprechen.

Wien, im Mai 1887.

O. W.

I. Capitel.

Einleitung. — Die Tripel-Allianz vom 4. Januar 1717.

Am 7. September des Jahres 1701 schlossen England, die Generalstaaten und der Kaiser eine Allianz im Haag; der Zweck, welchen die Seemächte dabei verfolgten, war zu hindern, dass das reiche spanische Erbe, welches nach dem letzten Willen Karls II. dem Herzog von Anjou bestimmt worden war, ganz dem Hause Bourbon zufalle. War dies aber der leitende Gedanke für die englische und holländische Politik im Erbfolgekriege, so mussten diese folgerichtig nach dem Tode Kaiser Josefs I. eine andere Haltung annehmen. Denn jetzt drohte vom Hause Habsburg Störung des europäischen Gleichgewichts durch seine Uebermacht; unter einem Herrscher durfte eben das Reich Kaiser Karls V. nie mehr vereint werden. Daher kam es, dass, nachdem Frankreichs Macht in den Staub geworfen war und die Alliirten die glänzendsten Bedingungen Ludwigs XIV. kurz von der Hand gewiesen hatten, durch die plötzliche Schwenkung Englands die Lage des nunmehrigen Kaisers Karl VI. wie durch einen Zauberschlag verändert wurde, so dass er — allein gelassen — mit einem Theile des spanischen Erbes vorlieb nehmen musste.

Man hat dem Systemwechsel im englischen Ministerium, durch welchen die Tories ans Ruder kamen, die Schuld oder die Urheberschaft jener Frontveränderung der englischen Politik zugeschrieben; kaum anders hätten aber die Whigs, wären sie an der Regierung geblieben, handeln können, trotz aller Bündnisse mit dem Kaiser, trotz der persönlichen Motive des Herzogs von Marlborough, dem nur im Kriege Lorbeeren und Gold winkten. Der heilige Zorn, der die Opposition jedesmal erfasste, wenn im Parlamente auf den Frieden

von Utrecht die Sprache kam, war nichts als ein sehr glückliches
Parteimittel, und nur Befriedigung der Gefühle persönlicher Rache
war es, wenn sie später — wieder zur Herrschaft gekommen —
die Männer, die ihn geschlossen, in den Anklagezustand versetzte.
Doch in Karl, der in den Kampf gezogen war, um das ganze spanische Erbe für sich zu gewinnen und der sich so nahe dem Ziele
durch die englische Treulosigkeit — so nannte er es — um den
grössten Theil des Preises gebracht sah, musste dies ein unsäglich
bitteres Gefühl gegen jene Regierung wachrufen. Nach dem nutz-
losen einjährigen Kampfe, den er so eigentlich gegen den Frieden
von Utrecht geführt hat, beendeten die Tractate von Rastatt und
Baden den Krieg mit Frankreich, nicht aber den mit Spanien; dieselben Gefühle der Enttäuschung und der Unzufriedenheit mit dem
Ausfalle des Friedens, wie Karl VI., bewegten Philipp V.; gleich
jenem sollte er auf schöne und reiche Provinzen verzichten, die zu
seinem Erbe gehört hatten. Waren beide Staaten auch zu erschöpft,
um allein den Kampf fortzusetzen, so ruhten doch ihre Waffen nur
für den Augenblick, um zu günstiger Zeit wieder aneinander zu
schlagen.

Gefahrdrohend war die Zukunft auch für England. Die Königin
Anna war längst kränkelnd und ohne Leibeserben; ihr Tod konnte
leicht einen Bürgerkrieg heraufbeschwören. Mächtig arbeitete Lord
Bolingbroke für die Thronfolge Jakob Stuarts. Doch anders sollte es
kommen, denn im selben Momente, als Bolingbroke seinen zag-
haften Parteigenossen Lord Oxford aus dem Cabinete verdrängt
hatte, starb plötzlich die Königin, viel zu früh für seine Pläne,
und mit Hilfe der whiggistischen Führer konnte der Kurfürst von
Hannover unbestritten den englischen Thron besteigen. Begreiflich,
dass er die Räthe seiner Krone der Partei entnahm, welche ihn
emporgehoben hatte: die Gegner des Utrechter Friedens, sie, die
diesen als Vaterlandsverrath gebrandmarkt hatten, liessen sich auf
der Ministerbank nieder.

Nachdem der erste Freudenjubel des englischen Volkes über
seinen neuen König verrauscht war, kamen aber für diesen schwere
Zeiten. Trotzdem er durch den Eifer und die Energie der whiggistischen Häupter ohne Widerstand den Thron bestiegen hatte, schien
es doch kaum möglich, dass er, der Fremde, mit der Sprache und

den Sitten seiner neuen Unterthanen nicht bekannt, ohne hervorstechende liebenswürdige Eigenschaften, mit allen Fehlern eines deutschen Kleinfürsten behaftet, sich würde behaupten können, wenn erst einmal der junge Stuart das Banner der Legitimität entfaltete. Das einzige Band, welches die Engländer mit Georg verknüpfte, war die Religion; war es stark genug, um ihn auf dem Throne festzuhalten? Die Politik, die seine Minister — an ihrer Spitze Lord Stanhope — in den nächsten Jahren verfolgten, war immer in erster Linie gegen den Prätendenten gerichtet. Wenn diesem Frankreich und Spanien ihre thatkräftige Unterstützung liehen, wie die Jakobiten hofften, die Whigs fürchteten, so war die neue Dynastie nicht lebensfähig. Darum wurde eine rasche und entschiedene Annäherung an den Kaiser versucht. General Stanhope, der Freund Karls III. von Spanien, der an seiner Seite dort gefochten hatte, jetzt Secretär für die auswärtigen Angelegenheiten, eilte, kaum dass Georg gekrönt worden war, mit Lord Cobham nach Wien, um die alte Freundschaft mit Oesterreich wieder herzustellen. Hier hatte die Kunde von dem neuen Ministerium, in England ein frohes Echo erweckt. Bald aber folgte der Freude am kaiserlichen Hofe jähe Enttäuschung. Wohl schlug Stanhope demselben eine Defensiv-Allianz vor, welcher auch die Generalstaaten beitreten sollten, und zu diesem Ende bot er die englische Mediation bei den noch unerledigten Barrière-Streitigkeiten an. Ja er stellte die Umwandlung dieser Defensiv- in eine geheime Offensiv-Allianz in Aussicht, verlangte aber gleichzeitig die Bestätigung des Utrechter Friedens vom Kaiser.[1]) Das wurde in Wien unbedingt abgelehnt, und die blosse Erwähnung dieses Punktes kühlte die österreichische Sympathie für England mächtig ab. Doch erhielt der englische Minister vor seiner Abreise ein vom Kanzler Grafen Seillern ausgearbeitetes Project einer Allianz zwischen England, den Staaten und dem Kaiser. In den Geheimartikeln desselben werden die Ziele der damaligen österreichischen Politik klar und deutlich ausgesprochen: England und Holland sollen den Kaiser bei der Behauptung der Insel Majorca, die noch von österreichischen Truppen besetzt gehalten wurde, unterstützen, ebenso bei der Wiedereroberung eines beliebigen

---

[1]) Referat vom 29. November 1714 über die Conferenz-Sitzung vom 27. November. W. S. A.

Theiles der spanischen Monarchie, worunter in erster Linie Sicilien verstanden wurde, das jetzt zu Savoyen gehörte; endlich dürfen die genannten Mächte nie zulassen, dass nach dem Aussterben des mediceischen Mannsstammes in Toscana dieses Land an einen Prinzen aus dem Hause Bourbon falle.[1]) Die Pläne des englischen Cabinets wurden durch diese exorbitanten Forderungen vereitelt, die England in einen Conflict mit den Bourbons gebracht hätten, welchen es um jeden Preis vermeiden musste. Gleichzeitig entstand eine Annäherung an Spanien mit Hilfe eines Handelsvertrages, dessen Berathung in Madrid begonnen wurde; auch wurde ein neuer Gesandter nach Paris geschickt.[2]) Besondere Schwierigkeiten machte eben das Verhältniss Frankreichs zu England; thatsächlich behandelte ersteres den Prinzen Jakob als König von England, es bot ihm und seinen Anhängern Unterstützung und Asyl; daneben begannen grossartige Hafenbauten in Mardyck, um einen Ersatz für das zufolge des Utrechter Friedens geschleifte Dünkirchen zu schaffen. Aber der Mann, den seine Bewunderer „le roi soleil" genannt haben, siechte langsam dahin; er hatte den Schmerz erleben müssen, in kurzer Zeit einen blühenden Nachwuchs dahinsterben zu sehen; der Erbe, der geblieben, war ein zartes Kind. Eine Regentschaft war unvermeidlich; das meiste Recht darauf hatte der Herzog Philipp von Orléans, diesen sollte Lord Stair auf alle Weise zu gewinnen trachten, ihm die englische Unterstützung zur Behauptung seines Rechtes auf die Regierung anbieten, sei es als Vormund für den kleinen Thronfolger oder, falls dieser stürbe, selbst als König.[3]) Ganz entgegengesetzt lauteten die Weisungen für den spanischen Gesandten Principe Cellamare, welcher das Vorrecht seines Herrn trotz aller Renunciationen vor dem Orléans betonen sollte.[4])

---

[1]) Kaiserliches Rescript an Hoffmann vom 26. Juni 1715, in welchem dieses Project vollinhaltlich wiederholt wird, da auf das dem Lord Stanhope mitgegebene keine Antwort erfolgt war. W. S. A.

[2]) Dazu wurde John Dalrymple, Earl of Stair, ausersehen; er kam am 23. Januar 1715 nach Paris.

[3]) Instruction für Lord Stair, Januar 1715. R. O. — Lord Stair's journal; 27. August 1715. Miscellanous State Papers, vol. II. London 1778.

[4]) Instructionen für den Principe Cellamare, verfasst von Grimaldo, spanischem Staatssecretär, 19. Mai 1715. M. A. E. — Cellamare kam am 18. Juni d. J. nach Paris.

König Ludwig suchte den Rest der Lebenszeit, die ihm noch gegönnt war, auszunützen, um seinem Enkel im Frieden zu sichern, was dieser im Kriege gewonnen hatte; er trachtete die Aussöhnung zwischen Kaiser und Spanien und damit die Anerkennung der Theilung des Erbes Karls II. zu erreichen, wie sie im Frieden von Utrecht vorgenommen worden war. Mit der Durchführung dieser Aufgabe in Wien wurde Graf du Luc, bis jetzt in Bern Gesandter, betraut; und da dieser, ein alter Mann, nicht gleich die Reise antreten konnte, so wurde ihm Sieur Mandat vorausgeschickt; dieser sollte auch das werdende Einverständniss Englands mit dem Kaiser wohl beobachten.[1]) Der Herzog von St. Aignan, welcher Frankreich in Madrid vertrat, erhielt ähnliche Instructionen; überdies wurde durch den Cardinal de la Tremouille in Rom die Intervention des Papstes zu gleichem Zwecke angerufen.[2]) Doch hier wie dort fand Ludwig XIV. kein geneigtes Gehör. Vielleicht wäre bei einigem Entgegenkommen von Seite Spaniens eine Einigung möglich gewesen; doch es machte sich bereits am spanischen Hofe ein neuer Einfluss geltend.

Vor wenigen Monaten war Philipp V. Witwer geworden; noch jung an Jahren, drängte er zu neuer Ehe;[3]) unter den heiratsfähigen Töchtern der Fürsten fiel die Wahl der damals zu Madrid herrschenden Partei im Einvernehmen mit Ludwig XIV. auf die parmesanische Prinzessin Elisabeth, Nichte und Stieftochter des regierenden Herzogs von Parma, Francesco Farnese; denn, wie Abbate Alberoni, der diesen in Madrid vertrat, hervorgehoben hatte: sie war einfachen Verstandes, leicht zu lenken und Erbin der italienischen Fürstenthümer Parma, Piacenza und Toscana, in welchen kein directer Erbe mehr zu erwarten war.[4]) Schroff forderte jetzt Philipp als Preis des Friedens Theile der verlorenen Provinzen, Anerkennung des Rechtes seiner Gemahlin und deren Nachkommen auf jene Länder.[5])

Und in Wien dachte man mit nichts Geringerem zu beginnen als mit der Wiedereroberung von Sicilien. Die geheime Conferenz,

---

[1]) Mémoire pour le sieur Mandat, verfasst von Torcy; 17. März 1715. M. A. E.

[2]) Bericht des Grafen Gallas aus Rom, 23. April 1715. W. S. A.

[3]) San Phelipe, Comentarios II, 155.

[4]) Carutti, Storia della Diplomazia della Corte di Savoia III, 482.

[5]) Philipp V. an Ludwig XIV., 2. April 1715. M. A. E. — Bericht des Grafen Gallas aus Rom, 10. Juli 1715. W. S. A.

Prinz Eugen an der Spitze, erklärte eine solche als unerlässlich für die Sicherheit des Königreichs Neapel. Als höchst wünschenswerth wurde dazu die Mitwirkung einer englischen Flotte bezeichnet; der kaiserliche Geschäftsträger in London Hoffmann sollte diese dort anregen.[1]

Gallas in Rom, der sehr warm für diese Unternehmung eintrat, und Daun in Neapel wurden beauftragt, durch Emissäre die Expedition vorzubereiten; bald wusste auch Ersterer von einem grossen „Ruff" nach des Kaisers Regiment auf der Insel zu vermelden; er schilderte den Plan als leicht durchführbar.[2] Diese Hoffnungen wurden aber rasch durch die Gefahr eines Türkenkrieges arg durchkreuzt; ein Krieg zwischen Venedig und der Türkei war im Ausbrechen und eine Parteinahme Oesterreichs für Ersteres dann unvermeidlich.[3]

Hoffmann war seiner Aufgabe in London getreulich nachgekommen; er hatte vom guten Willen des Kaisers gesprochen die englische Politik in den nordischen Angelegenheiten zu unterstützen, er hatte von dem Anerbieten Frankreichs und des Papstes den Frieden zwischen Kaiser und Anjou zu vermitteln, Anzeige gemacht, er hatte endlich den österreichischen Wünschen nach dem Erscheinen einer englischen Flotte im Mittelmeere zur Förderung der Expedition gegen Sicilien Ausdruck gegeben. Diese Eröffnungen hatten in London wenig Befriedigung hervorgerufen. Einmal wollte sich Georg selbst die Rolle eines Vermittlers zwischen Kaiser und Spanien zutheilen, die etwa daraus entspringenden Vortheile nicht einem Anderen gönnen. Daher widerrieth er namentlich, die französische Mediation anzunehmen — die päpstliche schien ungefährlicher. Dann wollte er die kaiserliche Macht ungeschwächt durch andere Zwistigkeiten ganz zu eigener Verfügung haben, im Falle vom Prätendenten, etwa durch Frankreich unterstützt, Gefahr drohte. Darum wurde das Ansuchen um Absendung einer Flotte in die sicilianischen Gewässer rundweg abgeschlagen,[4] darum hatte man auch ruhig zugesehen, wie Philipp V. die Insel Majorca angegriffen

---

[1] Protokoll der Conferenz-Sitzung vom 12. April 1715. W. S. A.
[2] Berichte des Grafen Gallas aus Rom, 9. März und 25. Mai 1715. W. S. A.
[3] Darüber ist bereits die Conferenz am 16. April einig. W. S. A.
[4] Bericht Hoffmann's aus London, 10. Mai 1715. W. S. A.

hatte und den Vorschlag einer Besetzung derselben durch eine halb kaiserliche, halb englische Besatzung abgelehnt.¹) Endlich rieth König Georg dringend, mit der Türkei im Frieden zu bleiben, wenigstens in diesem Jahre noch, jedenfalls aber den Tod Ludwigs XIV. abzuwarten, welcher grosse Umwälzungen zur Folge haben konnte.²) Von seinem wahrscheinlichen Nachfolger Orléans hoffte eben England dann nichts mehr fürchten zu müssen. Solcher Rath wurde aber in Wien mit Recht als egoistisch verworfen. ³) Schon ein paar Tage vorher hatte sich die geheime Conferenz geeinigt, die Vermittlung Frankreichs im Principe anzunehmen;⁴) Baron Hohendorff, der Vertraute Prinz Eugens, wurde in geheimer Mission nach Paris geschickt und als kaiserlicher Gesandter ebendahin der Reichsfreiherr von Pendtenriedter bestimmt. Bis jetzt hatten du Luc und Mandat aber auf all ihre Eröffnungen nur höfliche Redensarten zur Antwort erhalten; dies und die spanische Forderung hatte Ludwig XIV. entmuthigt schreiben lassen: er überlasse das Friedenswerk der heilenden ausgleichenden Zeit. ⁵)

Die Kriegsbereitschaft Anjons, welche der Angriff auf Majorca bewiesen hatte, der nahende Türkenkrieg, die ablehnende Haltung Englands nöthigten aber den Kaiser, für dieses Jahr auf die Hoffnung zu verzichten, Sicilien wiederzugewinnen. ⁶)

Die letzte That Ludwigs war gewesen, dass er dem Prätendenten eine namhafte Geldunterstützung von Spanien verschaffte. Frankreich war zu arm gewesen, um sie selbst zu leisten. Diese Parteinahme hatte die spanische Regierung angeregt, eine Offensiv-Allianz für die Herstellung der stuartischen Dynastie in England vorzuschlagen; Cellamare erhielt umfassende Vollmacht, eine solche abzuschliessen, allein der französische König lehnte dies Anerbieten ab. Er sah sein Ende herannahen und wollte im Frieden sterben.

---

¹) Bericht Hoffmann's aus London, 15. März 1715. W. S. A.
²) Bericht Hoffmann's aus London, 25. Juni 1715. W. S. A.
³) Referat über die Conferenz-Sitzung vom 21. Juni 1715. W. S. A.
⁴) Referat über die Conferenz-Sitzung vom 21. Juni 1715. Conclusum: pacem esse necessariam ob praesentes conjuncturas tam ob bellum turcicum quam ob nordicum; etiam ex ea causa, ne Imperator perpetuo dependat ab arbitrio aliorum qui eum in bellum etiam invitum trahere possint.
⁵) Ludwig XIV. an du Luc, 20. Juni 1715. M. A. E.
⁶) Protokoll der Conferenz-Sitzung vom 11. August 1715. W. S. A.

Ueber Erwartung rasch trat es ein: am 1. September 1715. Sein Testament wurde umgestossen, Philipp wurde Regent. Das schien ein grosses Glück für den hannoveranischen König zu sein. Monteleone, der spanische Gesandte in London, schreibt: wenn der neue Regent in Frankreich eben solchen Beifall findet, wie man ihm in England spendet, so gab es nie einen glücklicheren Herrscher.[1] Lord Stair wurde sofort angewiesen, die angeknüpfte Verbindung weiterzuführen, dem Regenten einen Vertrag zur Sicherung seiner Succession anzubieten: nur einen Vertrag, keine Allianz, um seine schwierige Stellung inmitten eines England feindlich gesinnten Hofes und Volkes nicht noch mehr zu erschweren, auch von den Bauten in Mardyck sollte vorläufig nicht die Rede sein.[2]

Zu einem solchen Entgegenkommen nöthigte König Georg der Aufstand zu Gunsten Jakob Stuart's, welcher in Schottland und England zugleich ausgebrochen war; schon schien die Hauptstadt bedroht; um jeden Preis musste vermieden werden, dass Prinz Jakob mit französischen Truppen landete. Eben diese gefährliche Lage der neuen protestantischen Dynastie war aber die Ursache, warum der Regent zögerte, die so bereitwillig zur Freundschaft dargebotene Hand anzunehmen. D'Iberville, der französische Geschäftsträger in London, ein Diplomat von grosser Glaubseligkeit, prophezeite den vollen Erfolg der aufständischen Waffen; die ganze Umgebung des Regenten war gegen Georg für Stuart und für Spanien; die Minister und Marschälle Huxelles, Torcy, Villars, Villeroy, sie alle waren in der Politik Ludwigs XIV. alt geworden, die auf einen engen Bund mit dem Nachbarreiche jenseits der Pyrenäen hinzielte; dem Herzog von Orléans, einem Manne von unleugbar grossen Fähigkeiten, gebrach es vollständig an der Selbstständigkeit im Handeln — nichts war leichter, als ihn zu beeinflussen. Sein Erzieher und Vertrauter, der Abbé Dubois, welcher später mit Glück und Geschick jener Hofpartei das Heft der Herrschaft entwand, stand noch im Hintergrunde, er war eben erst zum Conseiller d'état ernannt worden. So liess sich jetzt der Regent in das Fahrwasser

---

[1] si el s' Duque de Orleans logra en Francia tantos aplausos como se los hazen en Inglaterra, no habra havido regente mas dichoso. Monteleone an Cellamare, 15. October 1715. M. A. E.
[2] Stanhope an Stair, 5. und 20. October 1715. R. O.

einer Spanien freundlichen Politik hineinziehen; er begann mit Alberoni durch den Marquis d'Effiat eine Correspondenz;[1] er erklärte dem Fürsten Cellamare sogar seine Bereitwilligkeit, den Prätendenten zu unterstützen[2] — allerdings dies offen zu thun, scheute er doch zurück, ja er liess auf Andringen Lord Stair's Schiffe, die im Havre de Grace für Stuart ausgerüstet wurden, mit Beschlag nehmen. Während er so die angebotene Freundschaft Englands ausschlug, fanden seine Werbungen um die Spaniens kein Entgegenkommen: denn einmal sah Alberoni doch in ihm das wesentlichste Hinderniss für eine Succession seines Königs auf den französischen Thron, andererseits konnte ihm Frankreich bei seiner gegenwärtigen finanziellen und volkswirthschaftlichen Lage keine Hilfe bieten im Falle eines Angriffs von Seiten des Kaisers; eine solche war nur von den Seemächten zu erwarten.[3] Auch der kaiserliche Hof verhielt sich gegen Orléans sehr zurückhaltend: Pendtenriedter sollte nur mit allgemeinen Versicherungen der Freundschaft in Paris auftreten, im Uebrigen die weitere Entwicklung der Regentschaft nach Aussen und Innen beobachten.[4] Du Luc wurde in Wien sehr unfreundlich behandelt, er klagte, er könne nie den Kaiser sprechen.[5] Dieser, ebenso wie Spanien, argwöhnte ein enges Band zwischen Frankreich und England, und doch waren diese Staaten nie weiter von einem Einverständnisse untereinander entfernt gewesen als dazumal.

Rascher noch, als sie aufgestiegen war, ging die Gefahr für König Georg vorüber; das Ausbleiben der fremden Hilfe, Unfähigkeit, Langsamkeit und Uneinigkeit der Führer des Aufstandes sind die Ursachen, warum dieser schon am 13. November in zwei Schlachten niedergeworfen werden konnte. Als Jakob Stuart dann im Januar 1716 — um das gleich hier zu erwähnen — in Schottland landete, da spielte er nur kurze Zeit im Kreise seiner getreuen Hochländer die Rolle eines Königs, bald musste er flüchtigen Fusses nach Frankreich zurückkehren, das er mit so stolzen Hoffnungen verlassen

---

[1] Mémoires de Torcy I, 12.
[2] Memorio di Cellamare f. 115 v. — Cellamare an Grimaldo, 18. November 1715. M. A. E.
[3] Mémoires de Torcy I, 20.
[4] Protokoll der Conferenz-Sitzung vom 15. October 1715. W. S. A.
[5] Du Luc an Huxelles, 14. December 1715. M. A. E.

hatte. Der Schlag, der den neuen Thron zertrümmern sollte, war abgewendet worden; gleichzeitig hatten die englischen Minister noch zwei andere Erfolge zu verzeichnen. Hauptsächlich durch ihre Mühewaltung gelang es wenigstens vorläufig, die Differenzen zwischen dem Kaiser und den Generalstaaten zu begleichen, so dass am 15. November 1715 der Barrière-Tractat unterzeichnet werden konnte; und am 14. December wurde ein für England ungemein günstiger Handelsvertrag mit Spanien geschlossen. Alberoni, der ihn unterhandelt und unterzeichnet hatte, gab gerne ein paar Vortheile zu Gunsten Englands auf; wusste er doch, dass damit am leichtesten die Freundschaft des englischen Volkes zu erwerben war; auch mit Holland trat er in gute Beziehungen, so dass dieses ihm sogar Schiffe zum Schutze des spanischen Handels in Indien anbot, was bereitwillig angenommen wurde.[1]) Dem Titel nach war dazumal der Cardinal Giudice, der Onkel des Fürsten Cellamare, erster Minister in Madrid, Abbate Alberoni nur Vertreter des Herzogs von Parma, in Wirklichkeit aber war dieser schon damals der Leiter der spanischen Politik. Seine grosse Gabe, die Schwächen der Charaktere zu erkennen und zu benützen, die ihn so hoch erhoben hatte aus niedrigem Stande, liess ihn auch hier bei der jungen Königin sich unentbehrlich machen und ihr rathen, wie sie es bei ihrem Gemahl werde. Auf diesen Einfluss zu gewinnen, war nicht schwer: St. Simon verlangt für ihn einen Betschemel und ein Weib; auch für den ersteren wusste Alberoni zu sorgen, indem er die Rückkehr des früheren Beichtvaters d'Aubenton aus Rom veranlasste. Seine Politik war auf zweierlei gerichtet: jeden Augenblick bereit zu sein, wenn Ludwig XV. stürbe, — und es war ein schwächliches Kind, dem kein langes Leben gegönnt schien — die alten Rechte Philipps von Anjou auf die französische Krone zu verfechten, trotz aller Renunciationen und Tractate, zufolge welcher eben der Herzog von Orléans jetzt der Nächstberechtigte gewesen wäre. Diesem persönlichen Gegensatze der beiden Fürsten entsprang nun zwischen den beiden Schwesternationen eine Zwietracht, kaum geringer als sie je bestanden, da noch Habsburger im Prado zu Madrid regierten. Das andere Ziel der spanischen Politik war die Wieder-

---

[1]) Huxelles an St. Aignan. 12. November 1715. M. A. E.

erlangung der im Utrechter Frieden verloren gegangenen italienischen Länder; und da traf es sich sehr glücklich, dass Elisabeth Farnese, die in Madrid schon zwei Königssöhne, Sprossen aus der ersten Ehe Philipps, als Erben der spanischen, eventuell der französischen Monarchie vorfand, auch für ihren zu erhoffenden Sohn eine Krone wünschte, und dass dabei Abstammung und Verwandtschaft, die ihr den Schein der Erbberechtigung gaben, auf Italien hinwiesen. Noch war aber dieser Erbe ungeboren, die Hoffnung auf die französische Krone näherliegend; auch mussten zuerst die Schäden geheilt werden, die zwölf Jahre des Bürgerkriegs dem Lande geschlagen hatten. Alberoni verhielt sich daher vorläufig dem Kaiser gegenüber conciliant; da der Türkenkrieg im nächsten Frühjahre unvermeidlich war, wünschte Karl VI. ohne Sorge für seine italienischen Besitzungen in den Kampf gegen die Ungläubigen ziehen zu können; unter Vermittlung des Papstes und unter Garantie Frankreichs versprachen sich der Kaiser und der König von Spanien für die Dauer dieses Krieges Neutralität in Italien.

Die gegen England gerichtete Haltung der Pariser Regierung fand einen weiteren Ausdruck in dem Versuche, die Generalstaaten der Bevormundung von Seiten jenes Staates zu entziehen und sie für sich zu gewinnen: der französische Gesandte im Haag, Marquis de Chateauneuf, erhielt den Auftrag, den Staaten eine Neutralitätserklärung der österreichischen Niederlande vorzuschlagen;[1] damit wären im Kriegsfalle mit dem Kaiser die Staaten vor einem Angriffe ziemlich sicher gewesen, ebenso wäre die französische Nordgrenze gesichert worden. Dieser Vorschlag hatte kein Glück; in Wien verstimmte er sehr, in England wurde er für lächerlich erklärt,[2] und Holland war viel zu sehr im Schlepptau der englischen Politik, um da eine andere Meinung zu haben. Um aber allen weiteren Intriguen Frankreichs vorzubeugen, wurden rasch zwischen den beiden Seestaaten die alten Freundschafts- und Bündnissverträge am 13. Januar 1716 erneuert; eine Clausel dieses Tractats besagte, dass der Kaiser zum Beitritte eingeladen werden sollte.

[1] Berichte Pendtenriedter's aus Paris, 12. und 17. Januar 1716. W. S. A.
[2] Lord Townshend an Horace Walpole, 27. December 1715. O. S. Coxe, Mem. of Sir Rob. Walpole I, 166.

Wohl nur um die Staaten vor einer grösseren Beeinflussung von Seiten Frankreichs zu bewahren und in der Voraussicht, dass eine zu lange Zeit noch vergehen würde, wollte man warten, bis der Kaiser zu einer solchen Tripel-Allianz bereit sein würde, hatte England ohne ihn dieses Bündniss geschlossen; denn kaum war der Barrière-Tractat unterzeichnet worden, so waren schon neue Misshelligkeiten zwischen den beiden Contractanten ausgebrochen: den österreichischen Niederländern schienen einige Bestimmungen desselben zu drückend und Holland hielt die Sicherstellung der Summen für den Unterhalt der kaiserlichen Truppen in den Barrière-Orten für ungenügend. Gerade das hatte aber zur Folge, dass der Abschluss dieses Tractates in Wien ausserordentlich verletzte;[1] die Einladung: der Kaiser solle diesem schon bestehenden Bündnisse beitreten, beleidige die Würde des Kaisers, meinte die geheime Conferenz. Der Graf von Volckra, der vor Kurzem nach London gekommen war, erhielt scharfen Tadel, dass er diese Unzukömmlichkeit nicht sofort eingesehen und gegen sie protestirt habe; er sollte ein neues separates Abkommen mit England fordern, welchem dann die Staaten, nach Schlichtung oberwähnter Streitfragen, beitreten könnten; ein Congress im Haag oder in Antwerpen wurde dazu vorgeschlagen.[2] In Wien gab es damals eine starke spanische Partei; als Karl VI. Spanien verlassen hatte, waren zahlreiche spanische Edelleute, theils aus Furcht vor der Rache des neuen Königs, den sie so heldenmüthig bekämpft hatten, theils aus Hoffnung auf eine Wiederkehr des Habsburgers, mit ihm nach Oesterreich gekommen; sie genossen hier grosse Ehren und einträgliche Stellen und erfreuten sich hoher Gunst bei Kaiser Karl; durfte sich dieser doch schmeicheln, in seinem Lager sei noch das Herz des spanischen Volkes. Im Interesse dieser Partei lag es aber, jede Aussöhnung mit Spanien, mit welcher naturgemäss der Verzicht auf die Wiedereroberung dieser Länder verbunden war, hintanzuhalten; denn so lange Feindschaft herrschte zwischen Kaiser und Anjou, umschwebte ihre Häupter der Strahlenglanz der Treue, die ein Recht besitzt, dass für sie die Heimat wieder gewonnen und sie einstweilen dafür anderweitig entschädigt

---

[1] Schaub an Lord Townshend, 29. Januar 1716. R. O.
[2] Protokoll der Conferenz-Sitzung vom 9. Februar 1716. W. S. A.

werde; hatte aber der Kaiser einmal durch einen Friedensschluss die Hoffnung und das Recht verloren, mit den Waffen in der Hand jenes Reich zurückzuerlangen, so waren sie nichts mehr als heimatlose Flüchtlinge, geächtete Rebellen, die dankbar sein mussten, wenn man ihnen irgendwo ein schützendes Dach gewähren wollte. Darum versuchte diese Partei lange Zeit, trotz aller Anmassung der Türkei und trotz der früheren Verträge mit Venedig, im Osten den Frieden zu erhalten, um im Westen freie Hand zu haben.[1]) Sehr hart und niederdrückend musste ihr und auch den deutschen Rathgebern des Kaisers die Nachricht von der Annäherung Englands an Spanien durch jenen Handelsvertrag klingen. Das konnte für die Pläne des kaiserlichen Hofes die schlimmsten Folgen haben; man war eine Zeitlang in Wien auf England sehr schlecht zu sprechen, was eine nothwendige Rückwirkung auf das Verhältniss des Kaisers zu Frankreich hatte. Freiherr von Pendtenriedter war Ende 1715 nach Paris gekommen und hatte daselbst die freundlichste Aufnahme gefunden, seinen Aufträgen entsprechend jedoch nur im Allgemeinen über den Werth der kaiserlichen Freundschaft und die Geneigtheit seines Monarchen zu einer solchen gesprochen.

Seine ersten Berichte lauteten ausserordentlich düster: er schilderte die spanische Hofpartei allmächtig, den Regenten ihr unbedingt ergeben, überdies auch ganz unselbstständig, seine Regierung unbeliebt beim Volke, die Finanzen erschöpft, die Armee in voller Auflösung begriffen.[2]) Es lag viel Wahres in diesen Nachrichten. Das Frankreich, welches Ludwig XIV. seinem Urenkel hinterlassen hatte, war in einer traurigen Lage; aber der österreichische Gesandte sah doch durch zu schwarze Brillen und wählte seine Gewährsmänner nicht immer sorgfältig; er war sonst ein Mann von klugem Verstande, sehr fleissig, nur etwas pedantisch und leicht zu beeinflussen. Seine Depeschen verführten die geheime Conferenz, die Macht und Lebenskraft des französischen Staates gewaltig zu unterschätzen; überdies war man in Wien über den Vorschlag der Neutralität der Niederlande sehr gereizt. Man kam hier zum Schlusse, dass nicht der Kaiser die französische Freundschaft suchen sollte, sondern

---
[1]) Schaub an Lord Townshend, 1. März 1716. R. O.
[2]) Bericht Pendtenriedter's aus Paris, 4. Januar 1716. W. S. A.

umgekehrt der Schwächere die des Stärkeren. Pendtenriedter erhielt daher den Auftrag, ziemlich schroff aufzutreten, von des Kaisers Absicht zu sprechen Garnisonen in die oberitalienischen Fürstenthümer zu legen zum Schutze gegen spanische Ansprüche.[1] Die Eröffnungen der französischen Minister, die sich damals in recht übler Lage sahen — sie waren von Spanien abgewiesen, von England nach der schmählichen Niederlage ihres Schützlings Stuart bedroht, und hätten gerne ein Bündniss mit dem Kaiser geschlossen — wurden mit eisiger Kälte aufgenommen. Als aber die Nachrichten von den englischen Verträgen mit Spanien und Holland nach Wien gekommen waren und man so Schlimmes vom Freunde sich widerfahren sah, da schlug die Stimmung der geheimen Conferenz gegen Frankreich um; jetzt glaubte sie zu einer Allianz mit diesem rathen zu müssen, nur meinte sie immer noch in Unterschätzung seiner Kraft als Preis für ihre Freundschaft Hohes fordern zu dürfen: es geschah der Wiedererlangung des Elsass und Strassburgs Erwähnung.[2] Als aber Pendtenriedler diese Weisung bekam und dem Regenten und dessen Ministern den Wunsch des Kaisers nach enger Freundschaft wiederholte, dabei auf „Anständigkeiten" — zum Danke hiefür — anspielte, da ward ihm eine deutliche Ablehnung zu Theil: Huxelles erklärte rund heraus, der Regent betrachte sich als Verwalter des Landes für den minderjährigen König und könne dessen Erbe nicht um einen Fussbreit Landes schmälern.[3] Es war in Frankreich angenehm aufgefallen, dass das Verhältniss zwischen Kaiser und England nicht so intim sein könne, als man gefürchtet hatte — eben jene Verträge hatten das verrathen — und man hoffte neuerlich die Tripel-Allianz verhindern zu können, und zwar durch Gewinnung Englands. Hier hatte inzwischen Lord Stanhope auf das freundliche Entgegenkommen Alberoni's im Handelsvertrage hin versucht, diese Gelegenheit auszunützen. Es waren zum grossen Theile Handelsvortheile für sein Land, die ihn dazu bewogen; beispielsweise war der für England hochwichtige Assiento-Tractat noch nicht erneut worden; dann fürchtete er auch eine allzugrosse Freundschaft zwischen Spanien und Holland, die dem englischen Handel auf Kosten des

[1] Huxelles an du Luc, 25. Januar 1716. M. A. E.
[2] Protokoll der Conferenz-Sitzung vom 2. Februar 1716. W. S. A.
[3] Bericht Pendtenriedter's aus Paris, 11. März 1716. W. S. A.

holländischen schaden könnte; endlich sollte dem Prätendenten jede mögliche Unterstützung entzogen und eine Annäherung der beiden bourbonischen Monarchien, welche der Minister immer noch für möglich hielt, verhindert werden. Alle diese Gründe vermochten ihn dem spanischen Gesandten in London Monteleone eifrigst Eröffnungen über die Vortheile der englischen Freundschaft zu machen, ja ihm endlich eine Defensiv-Allianz zwischen Spanien und England zum Zwecke der Garantirung der Neutralität Italiens vorzuschlagen. Der Spanier ging darauf mit grösster Freude ein; zu seiner Ueberzeugung von der Nützlichkeit dieser Unterhandlungen kam noch die Regung der Eitelkeit, ein so wichtiges Bündniss vielleicht abschliessen zu dürfen. Er berichtete darum in überschwänglicher Weise nach Madrid, erregte aber eben dadurch die Eifersucht Alberoni's, der ihm solche Ehre nicht gönnen mochte; dazu war die Bestimmung einer Neutralität Italiens seinen Plänen zuwiderlaufend; er entgegnete darum sehr zurückhaltend und begehrte ausführlichere Vorschläge.[1]) Gleichzeitig hatten Stanhope und Townshend erkannt, dass sie gegen den Wiener Hof Vieles gut zu machen hätten, wollten sie nicht ihren ganzen Einfluss daselbst verscherzen, was wieder auf ihre Pläne in den nordischen Angelegenheiten eine üble Rückwirkung geübt haben würde. Sie liessen darum durch Mr. Schaub in Wien die beruhigendsten Versicherungen geben wegen des Vertrages mit Spanien und machten die grösste Bereitwilligkeit kund, ein separates Abkommen mit dem Kaiser zu schliessen, wenn die Allianz mit Holland auf Schwierigkeiten stossen sollte. Um dieses möglichst zu fördern, erhielt der englische Gesandte im Haag Horace Walpole Auftrag, dort energisch für die Beilegung des Streites mit dem Kaiser zu wirken.[2]) Nun waren Verhandlungen mit den Generalstaaten kein leichtes Ding: bevor eine Sache vor das Plenum der hochmögenden Herren kommen konnte, musste sie erst innerhalb einer jeden der sieben Provinzen berathen und erledigt worden sein; und hier war durch die Verschiedenheit der Interessen, durch den Gegensatz zwischen Ritterschaft und Bürgern, politischen Intriguen und äusseren Beeinflussungen Thür und Thor geöffnet; besonders angesehen und wichtig war die Provinz Holland

---

[1]) Mémoires de Torcy I, 158, 195, 242, 271—274, 291, 376.
[2]) Bericht Hoem's aus dem Haag, 10. März 1716. W. S. A.

und innerhalb derselben das reiche Amsterdam. Hier fanden die französischen Minister immer guten Boden für ihre böse Saat, und sie ermangelten nicht, diese Gelegenheit zu benützen, um gegen die gefürchtete Tripel-Allianz anzukämpfen. Jetzt, da die Gefahr von Seiten des Chevaliers St. George geschwunden war, gedachten auch die englischen Minister, wie schwer sie von Frankreich gekränkt worden waren, wie schlecht der Regent ihr Entgegenkommen vergolten hatte. Lord Stair erhielt darum Befehl, auf das Energischeste gegen die Anwesenheit des Prätendenten und seiner Anhänger auf französischem Boden zu protestiren und wegen der vertragswidrigen Bauten in Mardyck Einsprache zu erheben. Der Gesandte kam dieser Weisung im schärfsten Tone nach — er war den Franzosen nicht hold[1]) — und übergab dem Regenten über diese Punkte ein Memoire.[2]) Es ist bezeichnend für den Umschlag, der jetzt in der französischen Politik eingetreten war, dass dieses Memoire in der demüthigsten Weise beantwortet ward, und zwar übergab Iberville in London die Antwort des Regenten; Lord Stair dessen Gesinnungen nicht unbekannt waren, wurde übergangen. Dieses Entgegenkommen machte einen guten Eindruck in England; thatsächlich begab sich auch Jakob Stuart bald darauf nach Avignon auf päpstliches Gebiet.

Dieser kleine Vortheil durfte nicht verloren gehen: der Regent hatte doch endlich erkannt, dass eine Freundschaft mit Spanien unter den bestehenden Verhältnissen unmöglich sei und ein sicherer Rückhalt nur bei England gefunden werden könnte. Durch Vermittlung des ausserordentlichen holländischen Gesandten Duyvenvoorde machte er den ersten Schritt zu solchem Einvernehmen. Derselbe schilderte den englischen Ministern das Verlangen der französischen Nation, mit dem Inselreiche in enge Verbindung zu treten, er sprach schliesslich von einer Defensiv-Allianz.[3]) Dieser Antrag überraschte ungemein in London und wurde sehr kühl aufgenommen, besonders von Lord Stanhope. Die Antwort lautete

---

[1]) Torcy nennt die Relations des Lord Stair „envenimées". Mémoires de Torcy I, 95.
[2]) Lord Stanhope an Lord Stair, 22. Februar 1716. O. S. J. M. Graham, Annals and Correspondance of Lord Stair I, 300.
[3]) Lord Stanhope an Lord Stair, 28. März 1716. O.S. Graham, Annals I, 394.

kurz, England habe von Frankreich viel Uebles erfahren, das erst
gutgemacht werden müsse, bevor man von einer Allianz sprechen
könne. Lord Stair, den man in London nicht übergangen wissen
wollte, wurde angewiesen, als Ultimatum vor Beginn irgend welcher
Unterhandlung darauf zu bestehen, dass der Prätendent und seine
Anhänger ganz Frankreich — auch Avignon — verlassen sollten
und die begonnenen Bauten zu Mardyck wieder zerstört würden.[1])
Georg I. war jetzt in der Lage, solche Bedingungen vorschreiben zu
können: die Krone sass fest auf seinem Haupte, ein gefügiges Parlament hatte seinem Wunsche willfahrend die Bestimmung des Act of
Settlement widerrufen, zufolge welcher der englische König nur mit
Beistimmung seines Volkes das Land verlassen durfte; er konnte
sich zur ersten Reise in seine Heimat rüsten. Mit Spanien war
soeben der Assiento-Vertrag geschlossen worden, der dem englischen
Handel neue Quellen eröffnete, Holland war in alter Abhängigkeit
geblieben, der König von Sicilien bat um Vermittlung zur Aussöhnung mit dem Kaiser[2]) — dieser hatte Karl Amadeus noch nicht
als König anerkannt — und mit Karl VI. endlich stand England
wieder auf dem besten Fusse; die Vorberathungen zur Allianz waren
dank der Thätigkeit des gewandten Mr. Schaub in Wien so weit
vorgeschritten, dass bereits der Ort zur Unterzeichnung desselben
erwogen wurde.[3]) Auch war nicht zu fürchten, dass der Kaiser
in diesem Jahre durch seine Pläne auf Sicilien die Welt beunruhigen würde; der eben ausbrechende Krieg mit den Türken beschäftigte ihn vollauf. Vergebens hatte England diesen Streit beizulegen gesucht, die hohe Pforte, angestachelt durch französische
Emissäre, hatte durch ihre Forderungen jeden Ausgleich unmöglich
gemacht. In dieser kurzen Ueberschau über die europäische Lage
müssen auch die nordischen Angelegenheiten einbezogen werden.[4])
So lange Karl XII. von Schweden in der Türkei gefangen sass,
schien der grosse nordische Krieg jedes Jahr an der immer grösser
werdenden Schwäche Schwedens erlöschen zu wollen, besonders als
auch König Friedrich Wilhelm I. von Preussen bald nach seiner

---

[1]) Lord Stanhope an Lord Stair, 16. April 1716. O. S. Graham, Annals I, 304.
[2]) Mémoires de Torcy I, 246.
[3]) Schaub an Lord Townshend, 18. März 1716. R. O.
[4]) Nach Droysen, Friedrich Wilhelm I, 1, 41 ff.

Thronbesteigung auf dem Kriegsschauplatze erschien, um ein Stück der Beute für sich zu gewinnen; eine neue Hoffnung erwachte aber dem treuen Schwedenvolke, als sein König nach langem abenteuerlichen Ritte quer durch ganz Europa am 21. November 1714 in Stralsund eintraf; neuer Muth durchflammte die Herzen seiner Unterthanen, der Gedanke an Sieg oder ehrenvollen Frieden entstand wieder. Doch anstatt die Gegner zu theilen, speciell die von Preussen angebotene Hand anzunehmen, bestand er eigensinnig darauf, keinen Fussbreit Landes verlieren zu wollen. Und vertrauend auf sein altes Kriegsglück, das in den Eisfeldern Russlands begraben lag, vermehrte er nur noch die Zahl der Gegner. Auch Hannover trat ihnen bei. Jetzt, da dessen Kurfürst König eines mächtigen Reiches geworden war, wollte dies kleine Land um jeden Preis sich ausdehnen. Bremen und Verden sollten dazu dienen. Die Bemühungen des Kaisers, seine Autorität als Oberhaupt des Reiches zu wahren, blieben vergeblich; er konnte nur sein Wort in die Wagschale der Entscheidung werfen, nicht sein Schwert, und jenes galt nur wenig; seine Vorschläge, auf einem in Braunschweig abzuhaltenden Congresse die Wirren zu lösen, verhallten ungehört. Heftiger Zank in Mecklenburg zwischen dem Herzog und seiner Ritterschaft hatte zur Folge, dass ersterer seinen Vetter, den Czaren Peter, zur Hilfe herbeirief; dieser benutzte gerne die Gelegenheit, in einem deutschen Lande festen Fuss zu fassen; bald zogen seine Soldaten sengend und mordend nach Mecklenburg. Diese Nachbarschaft dünkte aber dem Kurfürsten von Hannover allzu gefährlich. Vorläufig musste er wohl gute Miene zum bösen Spiele machen, gegen eine vollständige Occupation jenes Herzogthums durch die Russen beschloss er aber sich zu wehren. Zu diesem Behufe hielt er es für zweckmässig, zuerst mit dem Kaiser das Bündniss, über das schon so lange berathen worden war, abzuschliessen; er benöthigte diesen ja überdies noch zur Belehnung mit Bremen und Verden. Doch hatte es keinen Anschein, als ob die hochmögenden Staaten, die bis jetzt das Hinderniss zum Abschlusse der Tripel-Allianz gewesen waren in Folge ihrer Streitigkeiten mit dem Kaiser, plötzlich nachgeben würden; dass dies nicht geschehe, dafür sorgten schon die französischen Agenten; diese hatten namentlich den Handelsherren von Amsterdam mit Repressalien gedroht, im Falle sie einer Vereinigung mit dem Kaiser zustimmen würden. Der Rathspensionarius erklärte am 1. Mai 1716 dem österreichischen Gesandten, dass man nur gleichzeitig mit dem Kaiser und Frankreich abschliessen wolle.[1]) Darum nahmen die beiden anderen unterhandelnden Mächte weiter keine Rücksicht auf die schwerfälligen Holländer und schlossen am 5. Juni ihre Defensiv-Allianz. Die Kunde hievon machte einen augenblicklichen Eindruck bei den Staaten, der aber nicht lange vorhielt.[2]) Ungleich grössere Wirkung hatte sie aber in Frankreich.

Auf jenes Ultimatum Lord Stair's hin war beschlossen worden, den englischen Wünschen auf halbem Wege entgegenzukommen; Duyvenvoorde überbrachte als Antwort die folgenden Vorschläge: Der Prätendent soll Frankreich zwischen Unterzeichnung und Ratification des betreffenden Vertrages verlassen und der Hafen von Mardyck soll für Kriegsschiffe unzugänglich gemacht werden; die Artikel des Utrechter Friedens über die englische und französische Succession sollen neu bestätigt werden. Die ersten zwei Punkte konnten in London durch ihre Halbheit nicht befriedigen, der dritte endlich war vollends inopportun; in dem Augenblicke, da England mit dem Kaiser neue Verträge schloss, durfte es nicht jenen Friedensschluss bestätigen, welcher dem Kaiser lästig und ungerecht wie kein anderer erschien. Diese Vorschläge wurden daher abgelehnt.[3]) Als nun zur selben Zeit Lord Stair in Paris Mittheilung von dem Tractate vom 5. Juni machte, da herrschte darüber im Palais Royal grosse Bestürzung; die französischen Minister hatten nicht geglaubt, dass der Kaiser und England ohne die Staaten abschliessen würden, und vor der Beistimmung der Letzteren hielt man sich — und das mit Recht — für gesichert. Nun das Unerwartete doch geschehen war, stieg die Gefahr für Frankreich, ganz isolirt zu werden, auf das Höchste. Dem musste rasch entgegengearbeitet werden. Marquis de Louville wurde nach Madrid geschickt; er war schon früher, noch unter Ludwig XIV., daselbst gewesen und hatte sich damals der grössten Gunst von Seiten Philipps V. zu erfreuen gehabt; das schien ihn für diese wichtige Mission besonders zu empfehlen. Von

[1]) Bericht Heems' aus dem Haag, 12. Mai 1716. W. S. A.
[2]) Bericht Heems' aus dem Haag, 30. Juni 1716. W. S. A.
[3]) Bericht Hoffmann's aus London, 19. Juni 1716. W. S. A.

Huxelles erhielt er die Instruction, eine Einigung in der Successionsfrage herbeizuführen; war diese Hauptschwierigkeit behoben, so konnte eine Allianz zwischen Spanien und Frankreich nur mehr wenig Mühe kosten. Vom Regenten aber bekam er gleichzeitig geheime Befehle: gestützt von der Gunst des Königs sollte er trachten, die fremden Männer, die Spaniens Geschicke leiteten: Giudice, Alberoni, d'Aubenton, zu stürzen und ein nationales Regiment einzusetzen.[1)]

Dann sollte ein neuer Versuch mit England gemacht werden. Es war bekannt, dass König Georg, begleitet von seinem Minister Stanhope, im Monate Juli nach Hannover reisen wollte; diese Gelegenheit benützend, sollte nun ein Vertrauensmann des Regenten mit Lord Stanhope persönlich in Verbindung treten und auf diesem Wege das englisch-französische Bündniss zu fördern trachten. Zu solcher Mission ersah der Regent seinen alten Erzieher und Freund, den Abbé Dubois aus; dieser war schon 1698 als Secretär Marschall Tallard's in London gewesen, hatte dort durch seinen Geist und Witz in der Gesellschaft viele Freunde erworben, darunter auch Lord Stanhope, mit dem er später noch in Paris zusammentraf. Ganz neuerlich hatte er auch mit ihm auf Befehl des Regenten einige Briefe gewechselt, die sich alle um das Allianzproject gedreht hatten, bei deren Beantwortung der Engländer aber nicht aus seiner kühlen Zurückhaltung herausgetreten war. Dubois, gleich nach dem Regierungsantritte seines ehemaligen Zöglings von diesem zum Conseiller d'état ernannt, war bis jetzt in dieser Stellung bescheiden im Hintergrunde verblieben; nun bot sich endlich eine Gelegenheit, die Talente des Staatsmannes, die er in seiner Brust fühlte, bei einem wichtigen Anlasse zu bewähren. Dazu hatte es ihm, trotzdem er schon sechzig Jahre zählte, noch immer gefehlt; er war durch wenig mehr als durch lockere Sitten, gebildeten Geist und geringe Aufrichtigkeit bekannt. Mit einem grossen Aufwande von Schauspielerei und Verstellung ging er an seine Aufgabe. Falsche Pässe, Verkleidungen, Pferdeliebhaberei und Antiquitätenkauf wurden ins Gefecht geführt;[2)] was er bezweckt, gelang ihm aber. Er hatte im Haag einige Gespräche mit Lord Stanhope.

[1)] Instruction secréte pour le Marquis de Louville, 24. Juni 1716. M. A. E.
[2)] Aubertin, L'esprit public au 18° siècle, 71—73.

Ohne es merken zu lassen, wusste der Abbé den englischen Staatsmann geschickt über seine Stellung zu einem französisch-englischen Bündnisse auszuholen. Das Glück war ihm günstig, denn in den letzten Wochen hatte die Angst Georgs vor dem Czaren noch mehr Grund erhalten, da dieser Anfangs Juni sich mit Dänemark verbündet hatte und eine drohende Haltung gegen Hannover einzunehmen begann. Stanhope stand darum einer Allianz mit Frankreich nicht mehr so gleichgiltig gegenüber wie früher; doch gewann Dubois trotz dieses Entgegenkommens die Ueberzeugung, dass der Regent den von Lord Stair übermittelten Wünschen werde nachgeben müssen. Drei Tage später eilte er nach Paris zurück, während Georg und sein Minister ihre Reise fortsetzten, holte sich dort umfassende Vollmachten und traf kurze Zeit nach jenen, Anfangs August, in Hannover ein. Aus der Privatcorrespondenz Lord Townshend's, der in England zurückgeblieben war, mit seinem Collegen Stanhope erhält man den klaren Eindruck, dass die englischen Minister die französische Zuvorkommenheit mit äusserstem Misstrauen ansahen und lange nicht an Aufrichtigkeit dabei glauben wollten.[1]) Nichtsdestoweniger liess sich Stanhope mit dem Abbé in die heftigsten Wortgefechte ein — über den Prätendenten einigten sie sich leicht, grössere Schwierigkeiten machte der Punkt über Mardyck und das erneute Verlangen Dubois', den Artikel VI des Utrechter Friedens bestätigt zu erhalten. Derselbe enthielt auch die Bestimmung, dass nach dem Aussterben der bourbonischen Linie in Spanien zuerst Savoyen vor den Habsburgern die Nachfolge zufallen sollte — ein Punkt, der dem Kaiser ganz unerträglich schien, und diesen wollte England jetzt mehr als je schonen. Endlich kam Stanhope auf den Ausweg sämmtliche Artikel des Utrechter Vertrages zu bestätigen, soweit sie auf die Succession in den drei in Rede stehenden Ländern Bezug hatten; denn beide Diplomaten waren darüber übereingekommen, dass auch die Generalstaaten in die Allianz einbezogen werden müssten. Betreffs Mardycks erklärte endlich Dubois, darüber sollten in London französische

---

[1]) since it is morally impossible that the regent should ever consent to demolish Mardyck. Poyntz (Secretär von Lord Townshend) an Lord Stanhope, 31. Juli 1716, O. S. — Coxe, Mem. of Sir Rob. Walpole III, 57—58.

Ingenieure mit englischen Sachverständigen entscheiden.¹) Stanhope betrachtete das neuerlich als Verschleppung der Sache, als Beweis der Unaufrichtigkeit Frankreichs; nicht wenig überrascht war er darum, zu vernehmen, dass die von Iberville in London gemachten Vorschläge die englischen Wünsche wenn möglich noch übertrafen.²) Was den Regenten zu so viel Nachgiebigkeit vermocht hatte, waren folgende Umstände: die Mission Louville's war kläglich gescheitert; Alberoni hatte es beim König durchgesetzt, dass dieser ihn gar nicht empfing und er Stadt und Land binnen bestimmter Frist verlassen musste.³) Dann hatte man endlich von Baron Hohendorff den Zweck seiner geheimen Mission erfahren und damit den Preis, um welchen des Kaisers Freundschaft jetzt zu erhalten wäre: Sicilien; die Succession in Toscana, Parma und Piacenza; das Mantuanische. Ein solcher Zuwachs hätte den Kaiser in Italien allmächtig gemacht; dem beizustimmen war für Frankreich ein Ding der Unmöglichkeit, zudem hätte es damit unfehlbar einen Krieg mit Spanien heraufbeschworen. Du Luc in Wien erhielt daraufhin die Weisung, sich ganz zurückhaltend zu zeigen.⁴) Damit wurde es für den Regenten klar, dass der einzige Staat, von dem er eine Unterstützung hoffen konnte, jetzt nur mehr England sei. Darum wurden jetzt dessen Forderungen vollinhaltlich bewilligt. Aber auch für dieses hatte sich die politische Situation so geändert, dass Stanhope zum eifrigsten Förderer des Projectes wurde.⁵) Immer drohender trat Russland auf, die deutschen Minister König Georgs drängten zum Kriege; sein Verhältniss zum Könige von Preussen war gleichfalls gespannter geworden; dieser hatte seinen Schwiegervater in Göhrde nicht besucht, dagegen mit dem Czaren zu Havelburg eine Zusammenkunft gehabt, auch hatten sich Frankreich und Preussen einander genähert. Die gehoffte Verbindung mit Spanien war nicht zu Stande gekommen, vom Kaiser

---

¹) Lord Stanhope an Secretary Methuen, 21. August 1716. O. S. Coxe III, 68—69.
²) Poyntz an Lord Stanhope, 11. September 1716. O. S. Coxe III, 82.
³) Bericht Pendtenriedter's, 21. September 1716. W. S. A.
⁴) Huxelles an Du Luc, 20. August 1716. M. A. E.
⁵) I was you know very averse at first to this treaty, but I think truly as things now stand, we ought not to loose a minute in finishing it. Lord Stanhope an Lord Townshend, 25. September 1716. Coxe III, 84—85.

nichts zu hoffen, er war in Ungarn zu sehr mit dem Türken beschäftigt; die Kunde von dem glorreichen Siege Prinz Eugens bei Peterwardein war noch nicht nach Hannover gekommen. Diese Erwägungen liessen jetzt den englischen Ministern das Bündniss mit Frankreich als höchst wünschenswerth erscheinen. Begreiflich, dass bei solcher gegenseitiger Geneigtheit die Convention über jene drei Punkte, die nach Wunsch Englands der Allianz vorausgehen sollten, ohne weiteren Verzug am 10. October unterzeichnet wurde. Dubois reiste sofort nach dem Haag, um im Einvernehmen mit Horace Walpole die Generalstaaten zum schleunigen Beitritte zu der beabsichtigten Allianz einzuladen, damit diese baldmöglichst abgeschlossen werden könne. Doch abermals stockte hier das Unternehmen. Auch hatte die Nachricht vom grossen Siege des Kaisers in Ungarn neue Vorstellungen von des Kaisers ungeschwächter Macht erweckt; dann war der Marquis de Prié, der Gouverneur der österreichischen Niederlande, mit der Absicht nach dem Haag gekommen, das werdende Bündniss zu verhindern;[1] mit dem grössten Schrecken verfolgte der Wiener Hof diese Verhandlungen. Es gelang jenem auch von den Staaten das Versprechen zu erhalten, die Bündnisse mit dem Kaiser und mit Frankreich „simul et semel" abzuschliessen;[2] doch in der Barrière-Sache war man noch nicht weiter gekommen; das hätte also abermals ein Hinausschieben auf unbestimmte Zeit bedeutet, — weder England noch Frankreich konnten warten — so unterzeichneten denn Dubois und Stanhope kurz entschlossen die Allianz am 28. November ohne die Staaten. Das hatte man in Holland nicht erwartet und war darüber nicht wenig bestürzt;[3] unter diesem Eindrucke hatten englisches Geld und französische Vorstellungen leichtes Spiel; die Generalstaaten liessen den Kaiser im Stiche und unterzeichneten am 4. Januar 1717 im Haag die Tripel-Allianz mit England und Frankreich. Getragen von der Gunst der Verhältnisse hatte Dubois seine Mission glänzend gelöst.

Einen Blick noch auf den Süden Europas während des zweiten Halbjahres 1716. Alberoni hatte die Eröffnungen Stanhope's, wie oben bemerkt worden ist, ohne besonderen Enthusiasmus entgegen-

[1] Schaub an Lord Townshend, 21. October 1716. R. O.
[2] Bericht Heems' aus dem Haag, 27. October 1716. W. S. A.
[3] Bericht Heems' aus dem Haag, 11. December 1716. W. S. A.

genommen, sich aber auch nicht unfreundlich gezeigt, ja den für England so wichtigen Assiento-Tractat in günstigem Sinne abgeschlossen.[1]) Als ihm aber die Kunde von des Kaisers Bündnisse mit England ward, da sah er ein, dass alle Versprechungen Stanhope's auf keiner reellen Grundlage basirten, und dass er von dort aus keine Förderung seiner Pläne erwarten dürfe. Er verhielt sich demnach von nun an ganz ablehnend gegen England. Ermuthigt durch den Nichtbeitritt Hollands zu der eben geschlossenen Allianz, versuchte er neuerlich, diesen Staat zu gewinnen; Ripperda, der holländische Gesandte in Madrid, schilderte ihm die Geneigtheit hiezu als gross; die directen Eröffnungen seines Botschafters im Haag, Beretti Landi, wurden aber von Heinsius, dem Rathspensionarius der Staaten, höflich abgelehnt.[2]) Der Abbate setzte mittlerweile die Rüstungen mit grösster Anspannung aller Kräfte fort;[3]) seiner Königin war bereits ein Sohn geboren worden, der den Namen Don Carlos erhalten hatte — nun rückte das italienische Project mehr in den Vordergrund. Alberoni begann seine Politik hier damit, dass er eine Coalition der italienischen Fürsten gegen den Kaiser zu bilden suchte.[4]) Der Papst wurde am leichtesten gewonnen durch das Versprechen, Spanien werde im nächsten Sommer mit Schiffen ihm gegen die Ungläubigen, deren Angriff auf Mittelitalien gefürchtet wurde, zu Hilfe kommen.[5]) Parma, eng verwandt mit Spanien, war gleichfalls leicht überredet; doch der wichtigste und mächtigste Fürst Italiens war Carl Amadeus von Savoyen, jetzt König von Sicilien; ohne ihn war ein derartiger Plan unausführbar; zu solchem Ende erhielt der spanische Gesandte in Turin, Marquis von Villa Mayor, die nöthigen Instructionen. Doch Carl Amadeus war ein kluger Herr und nicht leicht zu etwas zu haben, wenn nicht sicherer Erfolg winkte. Seine Haltung war stets eine schwankende gewesen, ohne viel Gewissensbisse verliess er eine Partei, um zum Gegner überzugehen, wenn das Vortheile versprach; allerdings hatte das kleine Land, zwischen den Reichen Habsburg

---

[1]) Bericht Pendtenriedter's aus Paris, 15. Juni 1716. W. S. A.
[2]) Mémoires de Torcy I, 610; I. 857.
[3]) A. a. O. I, 562.
[4]) A. a. O. I, 549.
[5]) Bericht des Cardinal Schrattenbach aus Rom, 17. August 1716. W.S.A.

und Bourbon gelegen, auch eine schwere Stellung und nur der klugen Politik seiner Herrscher hatte es zu verdanken, dass es Piemont gegen den Osten, Savoyen gegen den Westen vertheidigen und stets sich vergrössern konnte. Darum suchte Carl Amadeus auch jetzt lieber das 1703 und 1713 Erworbene durch Anerkennung von Seiten des Kaisers zu sichern, als es durch Stellungnahme gegen ihn zu gefährden. Darum lehnte er auch die spanischen Vorschläge ab und bemühte sich im Gegentheile eine Versöhnung mit dem Hause Habsburg anzubahnen; sein Gesandter, der Graf Tarini, machte in Wien die ersten Eröffnungen und wurde nicht gerade abgewiesen,[1] wenn auch Prinz Eugen sich scharf über seinen Verwandten aussprach.[2] Gleichzeitig ging General Schulenburg, der in piemontesischen Diensten stand, nach Hannover, um die Vermittlung König Georgs zu erreichen; er gab zu verstehen, dass, wenn eine Aussöhnung mit dem Kaiser anders nicht möglich, Carl Amadeus bereit wäre, Sicilien zu opfern.[3] Bereitwillig griff Lord Stanhope diesen Gedanken auf: in ihm lag der Keim zur Quadrupel-Allianz.

[1] Referat über die Conferenz-Sitzung vom 20. October 1716. W. S. A.

[2] that he did not wonder that any person who had taken possession of another man's estate should afterwards desire to be friends with him again without restitution. Stanyan an Lord Townshend, 19. December 1716. R. O.

[3] Lord Stanhope an Lord Townshend, 6. 17. November 1716. Coxe III, 124.

II. Capitel.

Die Verhandlungen des Jahres 1717.

In Wien war man den Verhandlungen zwischen Frankreich und England mit ängstlicher Aufmerksamkeit gefolgt, hatte sich aber lange Zeit der Hoffnung hingegeben, sie würden zu keinem Resultate führen; denn noch bis zur Sendung Prié's nach dem Haag glaubten die österreichischen Minister den König von England dieser Allianz abgeneigt und Frankreichs Mitbewerbung bei ihm vergeblich; als dann die Anzeichen, dass der Abschluss dennoch bevorstehe, sich mehrten, als hierauf die Präliminarconvention zu Hannover wirklich unterzeichnet wurde, da war die Bestürzung am Wiener Hofe eine grosse.[1])

Die spanische Partei wüthete,[2]) denn sie fühlte den Boden unter ihren Füssen wanken; das Hirngespinnst, wie auf friedlichem Wege etwa Spanien für das Haus Habsburg wiedergewonnen werden könne, indem der Herzog von Anjou den französischen Thron bestiege und den spanischen dem Kaiser überlasse, zerrann jetzt vollends; die Ueberzeugung, man müsse, statt Wahngebilden nachzujagen, endlich einmal mit den wirklichen Thatsachen rechnen, begann sich langsam Bahn zu brechen. Schon Ende September berichtet Mr. Schaub aus Wien ein Wort des Hofkanzlers Grafen Sinzendorf, der die Leitung der auswärtigen Angelegenheiten übernommen hatte, das den englischen Ministern unendlich ange-

---

[1]) Grimani schreibt: die kaiserlichen Minister seien e mal contenti e sorpresi, 24. October 1716. Venet. Gesandtschaftsberichte W. S. A.
[2]) St. Saphorin an Robethon, 17. und 31. October 1716. Hnn. A.

nehm geklungen haben muss: dieser gesteht nämlich gesprächsweise ein, dass die Aussichten auf die Wiedererlangung Spaniens zu entfernt und unsicher seien, um darüber naheliegende Interessen vernachlässigen zu dürfen. Mit den letzten Worten meint er Italien und erwähnt dazu noch eines Projectes, die Mitwirkung des Regenten bei diesen Absichten zu erhalten, gegen Sicherung seiner Succession auf dem französischen Thron.[1]) Wollte Sinzendorf damit nur Misstrauen zwischen Frankreich und England säen, oder hoffte er damals noch im Ernste auf einen guten Erfolg der Mission Baron Hohendorff's in Paris — gleichviel, er irrte in Beidem.

Doch die Resignation, mit welcher er von Spanien gesprochen hatte, war für die englischen Machthaber von äusserstem Werthe. Denn die neue Allianz, die in diesen Tagen ihren Abschluss fand, hatte keine kriegerische Tendenz; im Gegentheil, England wünschte durch sie im Süden und Westen Europas einen dauernden Frieden zu schaffen, den Kaiser mit Spanien und Savoyen zu versöhnen, dem Prätendenten seine letzten Hilfsmittel zu rauben, um mit ungeschwächter Kraft und ungetheilter Aufmerksamkeit sich den nordischen Angelegenheiten widmen zu können, wo dem Stammlande des Königs Vergrösserung winkte. Es ist charakteristisch für diese Jahre, dass in den drei grossen Reichen des westlichen Europas keine nationale, sondern die Hauspolitik ihrer Herrscher getrieben wurde. Sie führte Spanien zum Angriffe auf Italien, trieb den Herzog von Orleans zur Feindschaft gegen seinen Neffen, zur Freundschaft mit Kaiser und England, und veranlasste Georg, seine Königschaft in England nur zum Vortheile Hannovers auszunützen.

Lord Stanhope, der von nun an bis zu seinem Tode ganz allein die führende Rolle in Englands auswärtiger Politik spielte, konnte sich nicht verhehlen, dass es ein schweres Stück Arbeit sein werde, den Kaiser mit Spanien zu versöhnen; die Mission Schulenburg's gab ihm aber den festen Punkt, wo er den Hebel einsetzen konnte. Er schrieb am 29. September 1716 an seinen Collegen Townshend: „Ich habe einen Plan für Spanien, der Ihnen wohl behagen dürfte."[2]) Von diesem Tage bis zum 2. August 1718, an

---

[1]) Schaub an Lord Townshend, 26. September 1716. R. O.
[2]) Coxe III, 56.

welchem die Quadrupelallianz in Kraft trat, liegt eine Zeit voll diplomatischer Sorge und Mühe, und wenn Stanhope sie glücklich überwunden hat, so ist das in erster Reihe wohl sein eigenes Verdienst, dann aber auch das seiner treuen und rastlosen Mitarbeiter, der beiden Schweizer: Saint Saphorin de Pesmes und Schaub. Spaniens hielt er sich für ziemlich sicher; wenn auch die freundschaftlichen Beziehungen mit diesem Reiche, wie Stanhope es anfangs gehofft hatte, sich nicht gebildet hatten, so dachte er doch keinen Moment daran, dass es sich dem vereinten Andringen der anderen Mächte widersetzen werde — das war der Punkt, wo die Rechnungen des klugen Diplomaten nicht stimmten. Viel grössere Schwierigkeiten musste er in Wien zu finden fürchten. Diese zu überwinden und dem Projecte seines Vorgesetzten die Bahnen zu ebnen ging St. Saphorin de Pesmes Anfangs October 1716 dahin; er war wie kein Zweiter zu solcher Sendung geeignet; zu seiner persönlichen Gewandtheit kam noch eine gründliche Kenntniss der Personen und Verhältnisse in Oesterreich, welche er sich durch langjährige Dienste im Heere des Kaisers erworben hatte. Seine erste Aufgabe war, den Wiener Hof mit dem Gedanken an eine förmliche Verzichtleistung auf die spanische Krone vertraut zu machen. Denn das war klar, Philipp von Anjou konnte nie seine Ansprüche auf Frankreich aufgeben, was mit Rücksicht auf den Regenten und auf das Getrenntbleiben der beiden bourbonischen Reiche nöthig war, so lange er nicht sicher war, im ruhigen Besitze seiner jetzigen Monarchie belassen zu werden.

St. Saphorin traf zu günstiger Stunde in Wien ein; denn auch oberwähnte Worte Sinzendorf's wären wohl nicht gesprochen worden, hätte nicht die grosse Kränklichkeit des kleinen Erzherzogs (der kurz darauf am 4. November starb) dem Kaiser die Nothwendigkeit nahegelegt, neuerdings die Möglichkeit einer Succession der weiblichen Nachkommen zu erwägen und damit den Wunsch, die aus diesem Grunde vor drei Jahren getroffene pragmatische Sanction zu europäischer Anerkennung zu bringen: gewiss, dass da manche Concessionen gemacht werden mussten.

St. Saphorin suchte den Feind im eigenen Lager auf und weihte den Marchese di Rialp, welchen er den vernünftigsten Mann der spanischen Partei nennt und der zugleich beim Kaiser sich grossen

Ansehens erfreute, in seine Pläne ein; dieser wies sie nicht ab, nennt aber die geforderte Renunciation einen harten Bissen.[1]) Die deutschen Minister, Sinzendorf und Starhemberg, nahmen dieselbe Haltung an; sie schlugen aber einen Ausweg vor: der Herzog von Anjou sollte das Versprechen geben, nichts gegen Italien und Frankreich zu unternehmen, dasselbe könnte dann der Kaiser bezüglich Spaniens thun.[2]) Kurz der englische Gesandte fand weitaus mehr Entgegenkommen, als er hoffen durfte, und konnte, bald nachdem die ersten Vorbesprechungen vorüber waren, das Wiener Cabinet einladen, einen Vertrauensmann nach Hannover zu schicken, um dort mit dem König Georg und seinen Ministern die Mittel und Wege zu berathen, über diese Schwierigkeiten hinaus und zu einem gedeihlichen Ende zu kommen. Zu seiner grossen Befriedigung fiel die Wahl des Kaisers auf den Reichsfreiherrn von Pendtenriedter, mit dem St. Saphorin von seiner österreichischen Dienstzeit her eng befreundet war.

Im December reiste Pendtenriedter nach Hannover, auch St. Saphorin wurde dahin berufen. Hier erwarteten sie Lord Stanhope und dessen neuer College Graf Sunderland, der Schwiegersohn des Herzogs von Marlborough; Lord Townshend hatte eben seine Entlassung erhalten.

Zwischen diesen vier Männern finden nun eingehende Besprechungen statt, auf welche näher eingegangen werden muss, da aus ihnen der Plan zur Quadrupel-Allianz erhellt, wie sie den englischen Ministern vorschwebte. Am Tage nach seiner Ankunft, am 17. December, hat Pendtenriedter die erste Unterredung mit Lord Stanhope. Dieselbe dreht sich ausschliesslich um die eben geschlossene Allianz zwischen England und Frankreich. Der kaiserliche Gesandte zählt die Ursachen auf, aus welchen sein Gebieter darüber beleidigt und beunruhigt ist. Stanhope leugnet ihre Berechtigung und sucht nachzuweisen, dass das Bündniss dem Kaiser nur Vortheile bringe, namentlich da man sich dadurch der französischen Freundschaft versichert habe; er betont, dass seines Handels wegen, England keinen Krieg mit Spanien führen dürfe, dass es

---

[1]) St. Saphorin an Robethon, 10. October 1716, Han. A.
[2]) St. Saphorin an Robethon, 4. November 1716, Han. A.

daher die alten österreichischen Pläne auf Vereinigung der ganzen habsburgischen Monarchie nie unterstützen könne; er sagt ganz aufrichtig: Niemand in Europa kann dem Kaiser einen solchen Zuwachs von Macht gönnen, noch weniger also ihm dazu verhelfen, darum soll der Kaiser endlich diese „idées chimériques" aufgeben und ein gemeinschaftliches Werk mit den anderen Mächten zu Stande bringen. Tags darauf kommen die beiden englischen Minister zu Pendtenriedter, bei dem sich St. Saphorin schon befand; da rücken sie endlich mit ihrem Projecte zur allgemeinen Versöhnung heraus: der Kaiser soll auf Spanien renunciiren und die Thronfolgeordnungen in Frankreich und England garantiren, dafür garantiren ihm diese Staaten seine italienischen und niederländischen Besitzungen; er erhält weiters die Insel Sicilien; Toscana, Parma und Piacenza sollen zu Reichslehen erklärt werden. Dem Kaiser erwachsen so wirkliche Vortheile für einen eingebildeten Verlust; höchstens werde man noch etwas für die Königin von Spanien thun müssen. Pendtenriedter wendet sich zuerst gegen die Zumuthung eines förmlichen Verzichtes auf die spanische Krone und will dann wissen, was für Elisabeth Farnese gethan werden solle? Nach einigem Zögern meint Stanhope, ihr Sohn könnte vielleicht die Herzogthümer Parma und Piacenza nach dem Aussterben der jetzt regierenden Linie erhalten. Darüber führt der kaiserliche Gesandte auf: über Reichslehen dürfe der Kaiser nicht verfügen; wenn sie undisputirliche sind, lautet die Erwiderung, anders aber hier, wo sie erst geschaffen werden.

Darauf weist jener auf die Gefahr hin, einen bourbonischen Prinzen in Italien festen Fuss fassen zu lassen — das liegt noch in weiter Ferne, tröstet Stanhope, noch lebt ja der Herzog von Parma und sein jüngerer Bruder. Dagegen schöpfe der Kaiser aus einer solchen Concession sofort Vortheile, da er sich die Königin von Spanien damit zur Freundin mache. Ueber die Nachfolge in Toscana kann dem Reiche die Verfügung bleiben, ohne dass ein Prinz sogleich namhaft gemacht wird.

Pendtenriedter geht nun auf den Punkt betreffs Savoyens über und verlangt zu Sicilien noch die Herausgabe von Montferrat, sonst müsse der Kaiser den Herzog von Lothringen wieder auf eigene Kosten entschädigen; darauf erhält er aber zur Antwort, dass der

Herzog von Savoyen das freiwillig nicht thun würde, während er zur Abtretung von Sicilien leicht beredet werden könnte, wenn er dadurch des Kaisers Freundschaft gewänne. Ueber alle diese Artikel finden noch in den nächsten Tagen zum Theile sehr stürmische Conferenzen statt, die nichts Neues bringen; der österreichische Gesandte versucht vergebens an diesen Bedingungen zu rütteln, vergebens schlägt er Lord Stanhope noch vor, da dieser ihm klagt, dass die Holländer soviel Schwierigkeiten bei der Unterzeichnung der Tripel-Allianz machten, damit zu warten, bis der Kaiser beitreten könnte; er muss endlich diese von Stanhope am 22. December aufgesetzten Punctationen seinem Hofe einsenden.¹)

Als dieser wichtige Bericht nach Wien kam, versammelte sich alsbald die geheime Conferenz, um die darin enthaltenen Vorschläge zu prüfen. Zuerst wurde die principielle Frage erörtert, ob auf Grund derselben überhaupt in Verhandlungen eingegangen werden solle; diese Frage wird bejaht. Schon wiederholt, meint die Conferenz, hat Oesterreich die traurige Erfahrung gemacht, dass es durch die Hoffnung, später mehr zu erlangen, bereits sichere Vortheile wieder verloren habe, so bei den Friedensschlüssen von Nymwegen, Rijswick und Utrecht. Wohl wäre es besser gewesen, nachdem man zuerst mit England separat abgeschlossen habe, auch mit Frankreich und den Staaten getrennte Verträge zu schliessen, da nun aber einmal England und Frankreich schon verbündet — dass damals Holland bereits beigetreten war, wusste' man in Wien noch nicht — und die Vorschläge im Ganzen nicht ungünstig seien, so soll Pendtenriedter die Unterhandlung fortsetzen, und zwar nach folgenden Gesichtspunkten: er soll zunächst keinen besonderen Eifer zeigen zum Abschluss des Vertrages zu gelangen, sondern sich von England dazu antreiben lassen und dann sein Terrain zähe vertheidigen und nur Schritt um Schritt zurückweichen. Was die einzelnen Punkte anbetrifft, so war eine Garantie des Besitzstandes und der Successionen selbstverständlich, von grossen Folgen aber das Verlangen nach einer Renunciation auf die spanische Krone. Die geheime Conferenz verhehlte sich zwar nicht, dass der Kaiser auf die gegenwärtig im Besitze Anjous

---

¹) Bericht Pendtenriedter's aus Hannover, 24. December 1716. W. S. A.

befindlichen Länder de facto werde verzichten müssen, um diesen für das Aufgeben seines Anspruches auf den französischen Thron zu entschädigen; auf eine renunciatio sui juris wollte sie aber keinesfalls eingehen; eine Anerkennung des Besitzstandes könne weit leichter gemacht werden, denn sie verliere sofort Giltigkeit, wenn die bestehenden Verhältnisse, welche sie zur Voraussetzung habe, sich ändern. Das heisst in diesem Falle, wenn die spanische Linie der Bourbons ausstirbt oder Spanien verlässt — etwa um den Thron des Nachbarreiches in Besitz zu nehmen — so tritt der Kaiser sofort wieder in seine alten Rechte ein. Zu einer solchen Anerkennung des Besitzstandes rieth die Conferenz — das scheint jedoch dem Kaiser und seinen intimeren Rathgebern auch noch zu weitgehend gewesen zu sein, denn in der Weisung, die Pendtenriedter erhält, ist sie zu einer Erklärung abgeschwächt: der Kaiser wolle den Herzog von Anjou im ruhigen Besitz von Spanien und Indien lassen. Ausdrücklich sind nur diese zwei Reiche genannt, denn nach dem Vorschlage Rialp's soll der Gesandte Mexico und Peru für den Kaiser zu retten suchen; weiters soll er auf vortheilhaften Bedingungen für den Handel der kaiserlichen Unterthanen mit Indien bestehen, sowie auch die Amnestirung der Catalonier und Aragonier und Bestätigung ihrer Privilegien verlangen. Die Conferenz ist aber einsichtig genug, zu erkennen, dass die letzten drei Punkte auf grosse Schwierigkeiten stossen würden, sie wurden daher nicht als conditiones sine qua non bezeichnet. Unbedingt sollte der Artikel VI des Utrechter Friedens getilgt werden, die Succession der savoyischen Familie auf den spanischen Thron betreffend. Die Anträge bezüglich Siciliens und der oberitalienischen Fürstenthümer werden genehmigt; dass Parma an einen Sohn der Königin Elisabeth fallen soll, auch dagegen hat die Conferenz nichts einzuwenden, allerdings mit der Motivirung, dass diese Sache noch in weiter Ferne liege und sich inzwischen Manches ereignen könne, also mit der stillen Hoffnung, es werde doch nicht dazu kommen. Letztlich soll Pendtenriedter auf dem von ihm bereits gethanen Verlangen bestehen, nämlich Rückgabe Montferrats oder der 1703 abgetretenen Theile von Mailand. Die Titelfrage bleibt in suspenso.

Dem Gesandten wird freigestellt, nach seinem Ermessen mit dem König Georg eventuell nach England zurückzukehren, um daselbst die Angelegenheit zum Abschlusse zu bringen.¹) Gegen Erwarten war dieser aber schon abgereist, als diese Weisung am 21. Januar 1717 nach Hannover kam. St. Saphorin erfuhr kaum die Ankunft des kaiserlichen Couriers, so eilte er zu Pendtenriedter, den er eben mit der Eröffnung des Wiener Rescripts beschäftigt fand. Beide lasen es nun gemeinschaftlich. Es kann da dem kaiserlichen Gesandten der Vorwurf nicht erspart bleiben, dass er sich von seinem Collegen in sehr undiplomatischer Weise hat überraschen lassen, denn indem er ihn sofort vom Inhalte seiner Aufträge vollständig Kenntniss nehmen liess, begab er sich des Hauptvortheils: langsam verhandeln zu können und viel zu verlangen, um Einiges zu erhalten. So wusste sein Gegner sofort, welche die conditiones sine qua non seien und welche nicht, was ihm natürlich sein Vorgehen unendlich erleichterte. Wortgetreu meldete er am selben Tage den Inhalt der kaiserlichen Weisung an Stanhope und rieth ihm, die absurde Forderung wegen Mexicos und Perus sofort zu verwerfen, die Zuerkennung des königlichen Titels an Philipp zu verlangen, das Odium der Ablehnung der übrigen Forderungen aber Frankreich und Spanien zu überlassen.²)

In diesem Sinne schrieb auch der englische Minister an Pendtenriedter und erklärte nun, auf Grund dieser Vorschläge mit den anderen Mächten verhandeln zu wollen. Daraufhin blieb diesem nichts Anderes übrig, als nach Hause zurückzukehren, die Reise nach London wäre zwecklos gewesen; er kam, begleitet von St. Saphorin, am 11. Februar wieder in Wien an.

König Georg und seine Minister hatten Hannover viel früher verlassen, als es beabsichtigt gewesen war; ungünstige Nachrichten aus England hatten sie dazu vermocht; man war einer neuen jakobitischen Verschwörung mit schwedischer Unterstützung auf die Spur gekommen. Ausserdem trieb die Eifersucht des Königs auf seinen Sohn, aus welcher das Zerwürfniss mit Lord Townshend entsprungen war, ihn nach Hause. Auf der Durchreise durch den Haag nahm aber Stanhope Gelegenheit, vertrauliche Besprechungen mit dem Abbé Dubois, der bis Anfang Februar hier verblieb, und

¹) Referat vom 16. Januar 1717 über die Conferenz-Sitzung vom 5. Januar. W. S. A.
²) St. Saphorin an Lord Stanhope, 21. Januar 1717. Han. A.

dem spanischen Gesandten Beretti Landi zu halten. Ersterer wurde in alle Details des englischen Planes eingeweiht,[1]) dem Zweiten aber wiederholte Versicherungen von dem Wunsche Englands gemacht, mit Spanien in engem Einvernehmen zu bleiben, und der Entschluss angedeutet, durch ihre Vermittlung alle Differenzen mit dem Kaiser und dem Regenten aus dem Wege zu räumen. Beretti Landi, ein Mann von leicht entzündlicher Phantasie und von grossem Ehrgeize, nahm alle Versicherungen als baare Münze hin und begann — wie einst Monteleone in London — von einer grossen Allianz Spaniens mit den Westmächten zu träumen, die er zu Stande bringen würde; er hoffte daraus genug Ruhm und Ansehen zu gewinnen, um dereinst seinen Landsmann Alberoni stürzen zu können; durch seine Berichte verleitete er Letzteren abermals, hier in Holland den Hebel anzusetzen, um die jüngste Allianz zu sprengen und das Einvernehmen mit dem Kaiser und den Seemächten im Keime zu ersticken. Auch von Frankreich sollten sie getrennt, zuerst Holland, dann England für seine Pläne gewonnen werden;[2]) nöthigenfalls sollte Beretti auch nach London gehen; er genoss noch Alberoni's volles Vertrauen. Es scheint kaum zweifelhaft, dass der spanische Staatsmann, durch seine Doppelpolitik veranlasst, welche gegen Italien und Frankreich gerichtet blieb, damit einen grossen Fehler beging; es hätte damals Frankreich mit leichter Mühe gewonnen werden können; noch war die Macht der alten spanischen Partei wenig erschüttert. Dubois, der allein später dem Regenten die Kraft gab, ihr zu widerstehen, sass noch nicht fest im Sattel der Regierung; und bis zum Tage der Unterzeichnung der Quadrupel-Allianz bewies der Herzog-Regent dem Nachbarreiche die grösste Schonung — fast alle für dieses günstige Aenderungen an dem ursprünglichen englischen Projecte gingen von ihm aus. Doch Alberoni hielt an seiner Ansicht fest und blieb bis zum letzten Augenblicke der Ueberzeugung, dass er von England nie eine Feindseligkeit zu fürchten haben werde. So gab er auch jetzt seinem Gesandten im Haag Vollmacht zu den Unterhandlungen mit den Seemächten, und diese gingen anscheinend bereitwillig darauf

---

[1]) Dubois an Lord Stanhope, 14. Februar 1717. Han. A.
[2]) Huxelles an St. Aignan, 12. Januar 1717. M. A. E. — Bericht Hofmann's aus London, 9. Februar 1717. W. S. A.

ein;[1]) ja Stanhope that sein Möglichstes, um den Groll Alberoni's gegen Frankreich noch mehr zu reizen, die Freundschaft Englands darum noch werthvoller erscheinen zu lassen.[2]) Er mochte zu diesem Vorgehen gegen Spanien auch durch den Umstand bewogen werden, dass in jenen Monaten allenthalben Gerüchte auftraten von einer Versöhnung zwischen dem Kaiser und Anjou durch päpstliche Vermittlung, Gerüchte, wie sie zwar in diesen Jahren des Oefteren vorkommen, aber nie mit solcher Bestimmtheit wie jetzt.[3])

Ununterbrochen wurde an dem englischen Projecte weitergearbeitet; an Stelle Lord Stair's, der die ersten Monate des Jahres 1717 in England verbrachte, vertrat es Dubois mit aller Energie am Pariser Hofe. Zum Lohne für den Abschluss der Haager Tripel-Allianz war er in den Rath der auswärtigen Angelegenheiten aufgenommen worden und nützte diese einflussreichere Stellung weidlich im englischen Interesse aus. Schon Mitte März konnte er die freudige Mittheilung machen, dass der Regent mit Stanhope's Vorschlägen einverstanden sei, immer unter der Voraussetzung, dass auch Spanien dadurch gewonnen werde.[4])

Ungünstigere Nachrichten kamen aus Wien. Zwar war auf St. Saphorins Drängen hin die Idee Rialp's betreffs Mexicos und Perus rasch fallen gelassen worden,[5]) aber sonst erhoben sich mannigfache Schwierigkeiten, namentlich wollte man die Gelegenheit benützen, um den Turiner Vertrag von 1703, der dem Herzog von Savoyen so viele Vortheile gebracht hatte, zu vernichten, man dachte bei Carl Amadeus eine leichte Beute zu machen. Es hatte in Wien ausserordentlich enttäuscht und verstimmt, dass Stanhope, nachdem er die kaiserlichen Vorschläge entgegengenommen hatte, zuerst mit Frankreich und Spanien darüber einig werden wollte; die kaiserlichen Minister hatten sich geschmeichelt, England werde zuerst mit ihnen das Project feststellen und dann die anderen Mächte zum Beitritt einladen.[6]) Das war aber nie die Absicht der

---

[1]) Mémoires de Torcy II, 109.
[2]) Mémoires de Torcy II, 187.
[3]) St. Aignan an Huxelles, 8. März; Dubourg an Huxelles, 24. Februar, 20. März 1717. M. A. E. — Mémoires de Torcy II, 105.
[4]) Robethon an St. Saphorin, 16./27. März 1717. Han. A.
[5]) St. Saphorin an Robethon, 24. März 1717. Han. A.
[6]) St. Saphorin au Robethon, 14. April 1717. Han. A.

englischen Regierung gewesen, und St. Saphorin hörte nicht auf, sie darin zu bestärken, er schrieb immer wieder, mit dem kaiserlichen Hofe die einzelnen Bestimmungen berathen und festsetzen wollen, hiesse die Sache in unendliche Länge ziehen bei der Art und Weise, wie hier verhandelt zu werden pflege; man müsse ihn im Gegentheil vor eine vollendete Thatsache stellen und dann ein energisches „aut — aut" sprechen.[1])

Die Verstimmung darüber wurde bei den kaiserlichen Ministern noch durch den Umstand genährt, dass die restlichen Forderungen an englischen Subsidien, die Pendtenriedter in Hannover mit 900.000 Pfund beziffert hatte, beim englischen Parlamente mit grossem Unwillen aufgenommen worden waren; nur eine Zahlung von 130.000 Pfund wurde bewilligt, an welche überdies die englischen Minister allerlei Clauseln knüpften.[2]) Baron Hohendorff machte neuerlich in Paris Versuche, separate Verhandlungen mit Frankreich anzuknüpfen;[3]) St. Saphorin war eine Zeit lang in Wien recht übel angeschrieben. Dagegen spielte nun Stanhope eine Karte aus, die ihm von Dubois in die Hand gegeben worden war: die französische Regierung befürwortete nämlich dringend die Aufnahme Preussens in die neue Allianz mit der ausgesprochenen Absicht, wider den Kaiser und Russland damit ein Gegengewicht zu schaffen.[4]) Nun war Friedrich Wilhelm in Wien nicht eben beliebt, er hatte viel zu eigenmächtige Wege in den nordischen Angelegenheiten eingeschlagen und stach unvortheilhaft gegen die Fügsamkeit seines Vorgängers ab; so erreichte denn St. Saphorin, als er das Verlangen Frankreichs mittheilte — aus London kam von Volckra und Hofmann eine Bestätigung hievon[5]) — seinen Zweck, die kaiserliche Regierung wieder geschmeidig zu machen. Diese ist über die Zumuthung, Preussen in die Allianz aufzunehmen, so ausser sich, dass der englische Gesandte meint, das wirkliche Verlangen dieses Beitrittes werde den Erfolg der ganzen Unterhandlungen in Frage

---

[1]) St. Saphorin an Robethon, 7. April 1717. Han. A.
[2]) St. Saphorin an Robethon, 22. Mai 1717. Han. A.
[3]) Robethon an St. Saphorin, 30. April/11. Mai 1717. Han. A.
[4]) Dubois an Lord Stanhope, 16. April 1717. — Robethon an St. Saphorin, 30. April 11. Mai 1717. Han. A.
[5]) Bericht vom 3./14. Mai 1717. W. S. A.

stellen;[1]) so aber benützt er geschickt den Eindruck, den er mit dieser Eröffnung gemacht hatte, um den Werth der englischen Freundschaft gegenüber den französischen egoistischen Wünschen in helles Licht zu setzen. In der That wird der Wiener Hof auch gefügiger; ein neues Hinderniss bringt diesmal aber England selbst in die Verhandlungen, indem es als Bedingung für die Zahlung jener restlichen Subsidien die Belehnung des Kurfürsten von Hannover mit Hadeln und eine Erklärung vom Kaiser fordert, dass dieser den Prätendenten nie im Reiche und in den Erblanden dulden und dessen Anhänger aus den Niederlanden ausweisen wolle. Man hatte in Wien schon vor drei Jahren dem Prinzen Jakob den Aufenthalt in den Erblanden nicht gestattet,[2]) aber eine ausdrückliche Verpflichtung hierüber einzugehen, verstosse gegen die kaiserliche Würde, motivirte die geheime Conferenz die Ablehnung derselben.[3]) Darüber war das Frühjahr herangekommen, mit ihm die Gewissheit, dass noch einmal die kaiserlichen Armeen unter Prinz Eugens Führung mit den Türken sich im Felde messen würden; abermals war hier die englische Vermittlung umsonst gewesen, der Entscheidungskampf war unvermeidlich geworden. Auch Alberoni gedachte wieder seines Versprechens, dem Papste mit Schiffen zu Hilfe zu kommen, und wies dem Cardinal Aldobrandi, der nach Spanien gekommen war, um den alten Streit zwischen der Curie und dem katholischen Könige zu Ende zu bringen, und dem venezianischen Botschafter Mocenigo die Vorbereitungen, die er hiezu in Cadiz machte.[4]) Ausserdem liess er aber noch in Barcelona bei Tag und Nacht Schiffe ausrüsten, Munition aufspeichern und Landungstruppen zusammenziehen — Alles das in keinem Verhältnisse zu seiner ausgesprochenen Absicht, dem Papste Hilfe zu senden. So war es erklärlich, dass das Gerücht, welches St. Aignan, der französische Gesandte, schon im Vorjahre einmal gemeldet hatte, der Abbate rüste an einer grossen Expedition gegen Italien, neue Nahrung

---

[1]) St. Saphorin an Robethon, 22. Mai 1717. Han. A.
[2]) Protokoll der Conferenz-Sitzung vom 5. September 1714. W. S. A.
[3]) Referat vom 7. Juni 1717 über die Conferenz-Sitzung vom 3. Juni. W. S. A.
[4]) Relazione dell' Abate Doria del Maro, herausgegeben von Domenico Carutti, Academia R. di Torino, tomo XIX, serie II, 1861, pag. 128.

erhielt.¹) Während nun Aldobrandi nach Vollendung seiner Mission, und Mocenigo, befriedigt über Alberoni's Verhalten, das Land verliessen, mit der sicheren Hoffnung auf eine namhafte spanische Hilfe gegen die Ungläubigen, waren die Vertreter der anderen Mächte, St. Aignan, Bubb und der Abbate Maro, nicht so leicht zu täuschen und drängten den spanischen Minister um Aufklärung über seine Rüstungen. Da dieser einsah, dass er bei ihnen mit dem Vorwande des Türkenkrieges nicht auskam, so schützte er einen Zug gegen Oran vor.²) Sein Auftreten gegen die Seemächte in dieser Zeit liess aber keinen Zweifel darüber zu, dass er jetzt daran dachte, seinen Plan, die italienischen Länder der spanischen Krone zu erobern, zur Ausführung zu bringen. Denn als er von den neuen englischen Vorschlägen vernommen, und dass Frankreich ihnen beigestimmt hatte, der Kaiser ebenfalls Willens sei, es zu thun, änderte er seine Haltung gegen England vollständig; er erkannte, dass es diesem nur um die Aussöhnung des Kaisers mit Spanien zu thun sei, was eine Verzichtleistung auf seine italienischen Pläne bedeuten würde.³) Nur als dann Beretti Landi, besorgt um seine Pläne, von der zunehmenden Gereiztheit der holländischen Staatsmänner gegen den Kaiser infolge der Barrière-Streitigkeiten schrieb, versuchte Alberoni nochmals, diese Republik für seine Interessen zu gewinnen: er liess ihr mittheilen, dass es seine Absicht sei, in Italien das Gleichgewicht der kaiserlichen und spanischen Macht herzustellen; das bedeutete, dass der grösste Theil des Landes an Philipp zu fallen hätte, an den Kaiser kaum mehr als das Mantuanische. Er ging bei diesen Vorschlägen von der Annahme aus, dass es im Interesse der Mächte gelegen sei, des Kaisers Macht nicht grösser werden zu lassen, dass sie selbst es nicht dulden würden, dass ihm Parma und Toscana zufalle; er hielt das also durchaus für kein Aequivalent, um deshalb Frieden zu schliessen und auf weitere Erwerbungen Verzicht zu leisten. Er hoffte diese Länder auf Grund des Erbrechtes seiner Königin ohnehin sicher zu gewinnen.⁴)

---

¹) St. Aignan au Huxelles, 30. November 1716. — Derselbe an denselben, 11. Januar 1717. M. A. E.
²) Relazione dell' Abate Doria del Maro, pag. 131.
³) Mémoires de Torcy II, 191, 280.
⁴) Mémoires de Torcy II, 292—294.

Ueberdies war der Kaiser jetzt durch den Türkenkrieg beschäftigt, die Gelegenheit zum Losschlagen also günstig. Diesen seinen Plänen schien ein anderes Ereigniss noch zu Hilfe kommen zu wollen. Ende Mai begab sich der spanische Grossinquisitor Don Giuseppe Molines auf die Reise von Rom nach Spanien; alt und kränklich, wählte er den Landweg, und obwohl er vom Cardinal Schrattenbach beruhigende Versicherungen erhalten hatte, wurde er doch als Feind beim Betreten des kaiserlichen Gebietes festgenommen und im Castell zu Mailand gefangen gesetzt. Dieses äusserst unkluge Vorgehen des Gouverneurs von Mailand bot dem spanischen Staatsmanne eine passende Gelegenheit, dafür eine Genugthuung vom Kaiser zu verlangen, und bei dem gespannten Verhältnisse, das zwischen Karl VI. und Philipp V. herrschte, wäre da mit Leichtigkeit ein Kriegsvorwand herauszufinden gewesen. Doch Alberoni überraschte die Welt durch seine Besonnenheit und Ruhe. Trotzdem selbst Männer wie der Marques de San Felipe, der Duca de Popoli jetzt zum Kriege riethen, derselbe ihm von seinem Könige, das will also sagen von seiner Königin, als wünschenswerth bezeichnet wurde,[1] wusste er doch durch seinen Einfluss derartige Wünsche und Aufforderungen zu unterdrücken, wie die Briefe beweisen, die er dann später benützte, um zu zeigen, dass er dem Kriege stets abgeneigt gewesen sei.[2] Er begnügte sich, gegen den Gewaltact des Kaisers öffentlich zu protestiren, ihn übrigens als von geringer Bedeutung hinzustellen und Don Molines in seiner kräftigen Sprache una solenissima bestia zu nennen, dabei aber mit aller Energie die Rüstungen fortzusetzen.[3] Was mochte ihn zu solcher Zurückhaltung veranlasst haben? Durch Nachgeben in den alten Streitfragen mit der Curie, durch das Versprechen einer Hilfeleistung gegen die Türken hatte er den schwachen Clemens XI. ganz auf seine Seite gebracht und von ihm das Versprechen erlangt, ihn zum Cardinal zu erheben. Alberoni strebte nach dem Purpur: dieser sollte seiner

---

[1] Mémoires de Torcy II, 198.
[2] Moderne italienische Historiker knüpfen da an, um die völlige Reinwaschung Alberoni's zu versuchen. So auch D. Vincenzo Papa, l' Alberoni e la sua dipartita dalla Spagna. Il R. Liceo-Ginnasio Cavour. Cronaca 1875—1876, pag. 68.
[3] Mémoires de Torcy II, 420.

Staatskunst die letzte Weihe geben, ihm auch inmitten der altadeligen Granden des spanischen Hofes gebührendes Ansehen verschaffen; damit hätte er die höchste Ehre erreicht, die er momentan erreichen konnte; denn es ist kein Zweifel vorhanden, dass er auch noch an die Tiara dachte. Doch obgleich er das Versprechen des Papstes hatte, die Ernennung konnte erst in einigen Wochen vor sich gehen: um diesen Zeitraum war die Verhaftung Molines' zu zeitig geschehen. Jetzt schon den Angriff auf Italien beginnen, hätte nichts Anderes bedeutet, als freiwillig auf den Purpur verzichten. Denn wenn er nun, statt gegen die Ungläubigen in den Kampf zu ziehen, im Gegentheil ihnen durch den Angriff auf den Kaiser, welcher diesen gezwungen hätte, seine Kräfte zu theilen, Hilfe brachte, zugleich damit das Versprechen seines Königs brach, die Neutralität Italiens während der Zeit des Türkenkrieges zu achten, endlich seiner Verpflichtung, den Papst zu unterstützen, nicht nachkam, so trieb er zweifellos diesen damit in die Arme des Kaisers und machte seine Erhebung zum Cardinal unmöglich, während sich durch einen kleinen Aufschub der Unternehmung, Beides vereinen liess. Zudem mochte Alberoni die Vollendung seiner Rüstungen und zugleich die Eröffnung des Krieges in Ungarn abwarten wollen; daher sein Zaudern. Es gelang ihm auch, die anderen Mächte über seine Absichten vollständig zu täuschen, namentlich Frankreich. Anfangs Juli gab der Regent die bestimmte Erklärung ab, dass er dem englischen Projecte nur dann beitreten könne, wenn sämmtliche Theilnehmer am Utrechter Frieden damit einverstanden wären, mit anderen Worten, nur wenn auch Spanien dasselbe billigte.[1]) Und als um dieselbe Zeit St. Aignan aus Madrid meldete, das Gerücht von einem beabsichtigten Angriffe auf die Länder des Kaisers gewinne immer mehr an Consistenz und die Theilnahme des Königs von Sicilien sei wahrscheinlich,[2]) ward ihm von Paris die Antwort zu Theil, dass dies doch wenig Wahrscheinlichkeit habe, ja vielleicht sogar von Oesterreich ausgestreut werde.[3])

Mittlerweile waren aber die Vorbereitungen zur Ernennung Alberoni's zum Cardinale so weit gediehen, dass nur noch der Tag

---
[1]) Lord Stair an Lord Stanhope, 5. Juli 1717. Han. A.
[2]) St. Aignan an Huxelles, 5. Juli 1717. M. A. E.
[3]) Huxelles an St. Aignan, 26. Juli 1717. M. A. E.

dafür festzusetzen war; nun fand es dieser schon an der Zeit, seine Maske etwas zu lüften, so dass am nämlichen Tage, da in Rom wirklich die Ernennung vollzogen wurde,[1]) der französische Gesandte seinem Könige mit ziemlicher Sicherheit melden konnte, dass das Ziel der ausgerüsteten Expedition doch Italien — wahrscheinlich Neapel — sei.[2]) Diese Nachricht kam der französischen Regierung sehr unerwartet und unangenehm: damit erschwerte Spanien jede Rücksichtnahme ausserordentlich. Der Regent sprach sich gegen den neuen Gesandten des Kaisers, Grafen Königsegg,[3]) sehr scharf über König Philipp aus und versprach sofort energische Vorstellungen in Madrid gegen den beabsichtigten Friedensbruch zu erheben — als Garant und Unterzeichner des Utrechter Friedens war das seine Pflicht. Der Gesandte glaubte zwar an des Regenten Aufrichtigkeit, meinte aber von seiner bekannten Wankelmüthigkeit nicht viel Gutes erwarten zu dürfen, und schrieb sofort an Volckra nach London, damit dieser den dortigen Hof allarmire.[4]) Er hatte so Unrecht nicht mit seinen Zweifeln, denn St. Aignan bekam wohl den Auftrag Vorstellungen in Madrid zu machen, aber zugleich sollte er den spanischen Hof auffordern, ihm seine Wünsche zu offenbaren; Frankreich würde sich glücklich schätzen, wenn es hiebei dem spanischen Königshause, namentlich der Königin bei ihren Ansprüchen auf Parma und Toscana, Unterstützung gewähren könnte.[5])

In der ersten Hälfte des Juli konnte die Nachricht von der Ernennung Alberoni's zum Cardinal nach Madrid gelangt sein, schon wenige Tage später erhielt die spanische Flotte den Befehl, aus dem Hafen von Barcelona auszulaufen.[6]) Das schien dem spanischen Minister der richtige Zeitpunkt zu sein. Der Türkenkrieg

---

[1]) Am 12. Juli, trotz aller Bemühungen des kaiserlichen Gesandten Grafen Gallas, sie zu hintertreiben. Als der Papst im Consistorium nach Nennung des Namens Alberoni's die gewöhnliche Umfrage um die Ansicht der anwesenden Cardinäle hielt, widersprach nur der Cardinal Giudice mit den Worten: Pro securitate meae conscientiae non possum assentiri huiusmodi promotioni. Fünf andere Cardinäle enthielten sich des Votums; die anderen stimmten bei. Bericht Gallas' aus Rom, 13. Juli 1717. W. S. A.
[2]) St. Aignan an Huxelles, 12. Juli 1717. M. A. E.
[3]) Er war am 20. März in Paris eingetroffen.
[4]) Bericht Königsegg's, 26. Juli 1717 W. S. A.
[5]) Huxelles an St. Aignan, 1. August 1717. M. A. E.
[6]) Am 2. August weiss St. Aignan dies schon zu melden.

war in vollem Gange, die Lage des kaiserlichen Heeres dazu recht
misslich, was Alberoni unzweifelhaft wusste; er stand in reger
Verbindung mit der Pforte, mit Rákóczy; von den Alliirten des
4. Januar glaubte er nichts fürchten zu müssen: es schien ihm
unter solchen Verhältnissen ein Leichtes, festen Fuss in Italien zu
fassen, um dann an die Ausführung seiner stolzen Pläne zu geben.
Noch war die Bestimmung der spanischen Flotte unbekannt: in
Frankreich meinte man, das Ziel sei Neapel; in Turin fürchtete
man für Sicilien; die geheime Conferenz in Wien hielt die stati
degli presidii in Toscana für gefährdet.¹) Alberoni erachtete es aber
nicht für nöthig, mit seinen Absichten länger hinter dem Berge zu
halten. Schon am 11. August, als die spanischen Galeeren noch auf
hoher See waren, erklärte er dem Herzog von St. Aignan: der Angriff solle auf Sardinien stattfinden; dabei liess er aber deutlich
merken, dass das nicht das letzte Ziel der Expedition sei, sondern
dass nur diese Insel nicht in Feindeshand im Rücken gelassen werden dürfe. Er begründete die Unternehmung mit der Uebermacht
des Kaisers, die dem europäischen Frieden gefährlich sei, und damit,
dass dieser durch Einhebung von Contributionen in Italien und Ge-
fangennahme des Don Molines — jetzt benützte er diesen Vorfall —
zuerst den Frieden gebrochen habe. Dieselben Gründe führte er
später in seinen Proclamationen, in seinen Briefen an den Papst
an,²) dieselbe Erklärung gab Fürst Cellamare am 23. August in
Paris.³) Tags vorher war die spanische Flotte vor Cagliari vor Anker
gegangen.

Der Angriff Spaniens brachte auf dem politischen Schauplatze
die grössten Veränderungen hervor; er überraschte überall auf das
Peinlichste, so unerwartet kam er. In den Cabineten von Paris und
London rief er grosse Verlegenheit hervor, wie es wohl zu geschehen
pflegt, wenn sorgfältig ausgearbeitete Pläne durch ein äusseres Ereigniss über den Haufen geworfen werden; Alles arbeitete nur an
der Sicherung des Friedens, und nun machte diesen der Gewaltact
Alberoni's nahezu unmöglich. Die Wiener Conferenz beschloss so-

---

¹) Referat vom 10. August über die Conferenz-Sitzung vom 8. August.
W. S. A.
²) St. Aignan an Huxelles, 11. August 1717. M. A. E.
³) M. A. E.

gleich, die Garanten des kaiserlichen Besitzstandes, Frankreich, England und Venedig, um die vertragsgemüsse Hilfe anzugehen;¹) in den Verhandlungen über die englischen Projecte wurde man gefügiger, man fühlte jetzt sehr wohl den Werth eines engen Anschlusses an die Westmächte. Pendtenriedter wurde bestimmt, baldmöglichst nach London zu gehen behufs Abschlusses der Quadrupel-Allianz. Stanhope's Vorschläge wurden fast gar nicht modificirt, nur Bestätigung der catalanischen Fueros, und im Falle Savoyen an dem Angriffe betheiligt gewesen war, auch Rückgabe der mailändischen Gebietsabtretungen von 1703 sollte der Gesandte neuerlich verlangen;²) auch in den Unterhandlungen wegen der restlichen Subsidien wollte der Wiener Hof alle englischen Wünsche gewähren, nur der Name des Prätendenten dürfe nicht ausdrücklich genannt werden.³) In Paris bewirkte die Nachricht von der spanischen Landung in Sardinien, dass der Regent zuerst Lord Stair⁴) und dann nach längerem Drängen auch dem Grafen Königsegg⁵) bestimmt erklärte, er wolle unter solchen Umständen auch ohne Spanien zum Abschlusse der Allianz schreiten; auch sprach er nichts mehr vom Beitritte Preussens.⁶) Gleichzeitig mit Pendtenriedter sollte Abbé Dubois nach London sich begeben. Frankreich und England lehnten wohl Beide eine active Theilnahme an dem Kriege ab, in den sich der Kaiser mit Spanien verwickelt sah: ungenügende Kriegsbereitschaft, schlechte Finanzlage, der nahende Winter wurden vorgeschützt;⁷) um so energischer sollten aber die Gesandten in Madrid auftreten. Man hoffte mit drohenden Worten Spanien zum Rückzuge zu nöthigen, den Frieden doch noch zu retten.⁸) Zu solchem Vorgehen waren aber weder St. Aignan noch Mr. Bubb geeignete Persönlichkeiten, Beide

---

¹) Referat vom 10. August über die Conferenz-Sitzung vom 8. August 1717. W. S. A.
²) Referat vom 10. August über die Conferenz-Sitzung vom 9. August 1717. W. S. A.
³) St. Saphorin an Robethon, 1. September 1717. Han. A.
⁴) Bericht Königsegg's aus Paris, 7. August 1717. W. S. A.
⁵) Bericht Königsegg's aus Paris, 26. August 1717. W. S. A.
⁶) Lord Stair an St. Saphorin, 2. August 1717. Han. A.
⁷) Bericht Volckra's und Hoffmann's aus London, 30. August 10. September 1717. W. S. A.
⁸) Huxelles an St. Aignan, 31. August 1717. M. A. E.

liessen sich von Alberoni vollständig täuschen;[1]) seinen wiederholten Versicherungen, dass er, soweit es in seiner Macht gestanden habe, gegen den Krieg sich gewehrt und nur dem Willen der Majestäten nachgegeben habe, schenkten sie vollen Glauben. Da sie aber andererseits genugsam seinen Einfluss kannten, so gingen sie bei all ihren Schritten von der Ueberzeugung aus, er werde endlich doch mit seiner Ansicht durchdringen und den Frieden wiederherstellen; um diese Umkehr nicht zu erschweren, traten sie darum mit ihren Aufträgen nur in ganz schüchterner Weise hervor.[2]) Im ersten Augenblicke der Ueberraschung war die Diplomatie überall der Ansicht gewesen, Spanien könne einen solchen Angriff nur im Einverständnisse mit italienischen Fürsten, mit dem Papste und den Herzogen von Savoyen und Parma gethan haben: in Wirklichkeit war aber dies keineswegs der Fall; besonders der Letztgenannte fühlte sich auf das Unangenehmste von der spanischen Unternehmung betroffen,[3]) denn in erster Linie musste sich des Kaisers Verdacht gegen ihn richten, und ohnmächtig stand er dessen Rache gegenüber. Ja es galt bereits für ausgemacht, dass dieser den Krieg in Italien mit dem Einmarsche seiner Regimenter in Parma und Toscana beginnen werde;[4]) nur der energischen Intervention St. Saphorin's gelang es, diese Absicht, welche die englischen Pläne auf eine friedliche Auseinandersetzung mit Spanien ausserordentlich erschwert hätte, zu hintertreiben.[5]) Gleichzeitig musste der englische Gesandte dem Wiener Hofe erklären, dass der König auf der ausdrücklichen Nennung des Prätendenten in der zu schliessenden Convention bestehe.[6]) Da, wie schon oben erwähnt wurde, England für dieses Jahr jede offensive Massregel gegen Spanien ablehnte, so sah sich der Kaiser wieder einmal von seinem besten Freunde völlig im Stiche gelassen und St. Saphorin bekam böse Worte in Wien zu hören; er sah sich darum auch veranlasst, seiner Regierung dringend zu rathen, irgend eine energische Massnahme wenigstens für

---

[1]) St. Aignan an Huxelles, 17. August 1717. M. A. E.
[2]) Bubb an Addison, 30. August 1717. R. O.
[3]) Grimani, 14. August 1717. Venet. Gesandtschaftsberichte. W. S. A.
[4]) Grimani, 28. August 1717. Venet. Gesandtschaftsberichte. W. S. A.
[5]) Robethon an St. Saphorin, 7./18. September 1717. Han. A.
[6]) Robethon an St. Saphorin, 24. August/4. September 1717. Han. A.

das nächste Jahr in Vorschlag zu bringen, da sonst der Erfolg der
Unterhandlungen sehr in Frage gestellt sein würde. Es war mittlerweile die Kunde von dem glänzenden Siege Prinz Eugens bei Belgrad nach Wien gekommen; aus gefährlicher Lage hatte er sein
Heer befreit, Belgrad erobert und der türkischen Macht einen Schlag
versetzt, von dem sie sich nicht so bald erholen konnte; man durfte
in Wien hoffen, dass durch diese Waffenthat der Krieg beendet
sei. Begreiflich, dass das der kaiserlichen Politik ein anderes Ansehen gab. Sie hatte nun freie Hand gegen Spanien; und nicht zu
unterschätzen war auch der moralische Erfolg: wieder einmal durchhallte der Ruhm der Tapferkeit Prinz Eugens und der kaiserlichen
Soldaten ganz Europa.

Gross war der Eindruck, den die Nachricht hievon allenthalben
machte. Die französischen Minister, die bis jetzt einen mehr oder
minder offenen Widerstand gegen das Stanhope'sche Project gezeigt
hatten, waren nun einverstanden,[1]) dass Abbé Dubois seine Reise
nach London zum Abschlusse der Verhandlungen beschleunige, obwohl der kaiserliche Gesandte noch nicht reisefertig war.

Der Papst, der anfangs von keiner Beschwerde über die durch
Spanien dem gegebenen Versprechen zuwider verletzte Neutralität
Italiens wissen wollte, erhob solche jetzt.[2]) In London wurde die Absendung eines ausserordentlichen Gesandten nach Madrid beschlossen,
der in officieller Weise das Stanhope'sche Friedensproject überbringen und gegen die sardinische Expedition feierlich protestiren
sollte. Zuerst war Lord Cadogan hiezu ausersehen gewesen, die
englischen Minister entschlossen sich jedoch, diesen nach dem Haag
zu senden, um hier die holländische Langsamkeit bei den Verhandlungen über den Barrière-Tractat etwas anzutreiben; so wurde denn
der Obrist Stanhope, ein Vetter des Ministers, ihm aber nicht im
Entferntesten an Talent und Geschick gleichkommend, nach Spanien designirt. Auch auf den Cardinal Alberoni hatte der kaiserliche Sieg, je unerwarteter er ihm kam, um so überraschender gewirkt; er musste fürchten, dass die Türken, im Augenblicke ganz
niedergeworfen, dem Kaiser die Möglichkeit geben würden, seine
ganze Macht gegen Italien zu wenden; da bedurfte Spanien noch

---
[1]) Bericht Königsegg's aus Paris, 24. September 1717. W. S. A.
[2]) Bericht Gallas' aus Rom, 27. September 1717. W. S. A.

grösserer Rüstungen. Ausserdem hoffte er, während des Winters die Pforte vielleicht zu neuem Kampfe gegen Oesterreich anspornen zu können. Sardiniens war er schon fast ganz Herr; er hielt es darum für angezeigt, die diesjährige Unternehmung damit abzuschliessen. Er gab daher dem französischen Gesandten die schriftliche Erklärung, er wolle die beabsichtigte Sendung frischer Truppen nach Italien unterlassen und vertrauensvoll die Aufgabe, den Frieden zu vermitteln, in die Hände des Regenten legen.[1]) Einen ähnlichen Brief schrieb Philipp auch an Clemens XI.[2]) Die französische und englische Regierung waren übereingekommen, in Madrid im vollsten Einklange vorzugehen. St. Aignan[3]) und Oberst Stanhope[4]) sollten dieselbe Sprache führen; die Instructionen für Letzteren wurden mit Zustimmung des Regenten ausgearbeitet, auch hielt sich der neue Gesandte auf der Durchreise in Paris auf, um mit Dubois zu berathen. Man hatte es aber nothwendig gefunden, über das ursprüngliche Project Stanhope's hinauszugehen; wenn Alberoni ablehnen sollte, auf Grund dessen in die Verhandlungen einzugehen, so sollte der Oberst Befugniss haben, nebst Parma auch Toscana für den Sohn der Königin Elisabeth zu versprechen, obwohl man sich nicht verhehlte, dass diese Zugabe in Wien grosse Entrüstung hervorrufen würde. Dieses neue Anbot war gleichfalls eine mittelbare Folge des Belgrader Sieges — der Kaiser durfte nicht zu mächtig werden; vergrösserte er im Frieden mit den Türken voraussichtlich seine Erblande, so sollte in Italien durch grössere Ausstattung des bourbonischen Prinzen ein Gegengewicht geschaffen werden. Oberst Stanhope kam am 7. October nach Madrid.

In der Stellung Spaniens zu England und Frankreich war mittlerweile eine vollständige Veränderung vor sich gegangen; während früher Alberoni sich gegen den Regenten feindlich gestellt hatte, war nun eine merkliche Annäherung zwischen diesen beiden Männern eingetreten. Der Anlass hiezu ist in der schweren Krankheit zu suchen, welche König Philipp im Herbste dieses Jahres befiel; kaum schien es möglich, dass er genesen könne. Sein erst-

---

[1]) St. Aignan an Huxelles, 13. September 1717. M. A. E.
[2]) Grimani, 1. October 1717. Venet. Gesandtschaftsberichte. W. S. A.
[3]) Huxelles an St. Aignan, 16. September 1717. M. A. E.
[4]) Instructions for Colonel Stanhope, September 1717. R. O.

geborner Sohn Ludwig war noch in zartem Alter, darum im Falle der König starb, eine Regentschaft nothwendig; diese zu erreichen hoffte der Ehrgeiz des Herzogs von Orléans. Die Minister Ludwigs XIV. waren in diesem Punkte mit ihm eins. Zu solchem Zwecke trat der Regent in enge Verbindung mit der nationalspanischen Partei, die missvergnügt darüber war, sich ganz von der Regierung des Landes ausgeschlossen zu sehen, und mit Freuden die französische Hilfe annahm, um diesem Zustande ein Ende zu machen.[1]) Der Herzog von Orléans ging schon daran, in den nächsten Wochen Truppen an der spanischen Grenze zu versammeln, um bei der ersten Nachricht von Philipps Tode seine Ansprüche mit den Waffen in der Hand vertheidigen zu können.[2]) War nun diese Unternehmung in erster Linie gegen Alberoni und die Königin gerichtet — die natürlicher Weise die Regentschaft für sich anstreben mussten — und erhielt auch St. Aignan den Auftrag, mit allen Mitteln gegen diese Beiden zu intriguiren, so erforderte es doch die Klugheit, dass der Regent gegen ein Land, dessen Regierung er erhalten wollte, noch concilianter als früher vorging und auch gegen die jetzigen Machthaber sich zuvorkommend erwies. So kam es, dass er ein eigenhändiges Schreiben an Alberoni richtete mit dem Anerbieten, einen Vertrauten zu ihm zu senden, um mit ihm den Frieden zu berathen. Alberoni hatte ebenfalls Ursache, in Folge der Krankheit seines Königs den Regenten zu schonen, da von diesem aus einer Regentschaft der Königin die grösste Gefahr drohen musste. Darum änderte er sein ganzes Verhalten. Während er den französischen Vorschlag mit dankbaren Worten annahm, den Grafen Monti als passenden Unterhändler bezeichnete,[3]) bei jeder Gelegenheit erklärte, er habe das Schicksal Spaniens vertrauensvoll in die Hände des Königs von Frankreich gelegt, trat er gegen die englischen Gesandten mit verletzender Schärfe auf.

Oberst Stanhope hatte bei seiner ersten Conferenz mit dem Cardinal einen der heftigsten Zornesausbrüche, deren dieser fähig war, zu ertragen, so dass er nicht den Muth fand, das ganze englische Project

---

[1]) St. Aignan an Herzog von Orléans, 21. September 1717. M. A. E.
[2]) Herzog von Orléans an St. Aignan, 29. November 1717. M. A. E.
[3]) Alberoni an Herzog von Orléans, 4. October 1717. M. A. E.

zu entwickeln, namentlich den Passus über Sicilien, welcher Spanien besonders unangenehm sein musste, vorzubringen.¹) Der Cardinal wurde in seiner feindlichen Haltung gegen die Engländer noch durch die Berichte bestärkt, welche ihm Beretti Landi aus dem Haag zusandte; dieser fand nicht Worte genug, über das Uebelwollen der englischen Minister gegen ihn zu klagen, und schilderte das Auftreten Lord Cadogan's gleich dem eines kaiserlichen Gesandten. Beretti, von ewigem Ehrgeiz getrieben wichtige Unterhandlungen zu leiten, wünschte den Frieden, den er für sicher hielt, selbst im Haag schliessen zu dürfen; darum strich er auch das Wohlwollen der Generalstaaten für Spanien — im Gegensatze zum Benehmen Englands — mit den kräftigsten Farben heraus. Rückhalt fand er bei diesen Bemühungen am holländischen Gesandten in Madrid, Ripperda, welcher, um die Gunst Alberoni's bemüht, diesem vortrug, was er ihm angenehm glaubte.²) So konnte dieser nochmals auf die Idee kommen, Holland von England loszulösen und es diesmal im Bündnisse mit Frankreich in den Kampf gegen den Kaiser hereinzuziehen; sofort würde dann auch Savoyen beitreten, versicherte er; ein Angriff Frankreichs und Savoyens in das Mailändische, combinirt mit einem spanischen Einfalle in Neapel, musste der Herrschaft des Kaisers in Italien in kürzester Zeit ein Ende machen.³) Als Preis stellte er den Staaten und Frankreich die österreichischen Niederlande in Aussicht; Savoyen sollte in Italien entschädigt werden.⁴) Von England glaubte er nach den Erklärungen Oberst Stanhope's nichts Ernstliches befürchten zu müssen.⁵) Während letztgenannte Macht in Spanien jeden Einfluss verloren hatte, war ihre Stellung zum Kaiser nicht besser geworden. Wenn auch die englischen Minister, dem Drängen St. Saphorin's folgend, für das kommende Jahr Unterstützung gegen Spanien versprochen hatten,⁶) so war der günstige Eindruck, den diese Erklärung in Wien machte, bald verwischt durch das kategorische Verlangen, bis 21. November

¹) St. Aignan an Huxelles, 18. October 1717. M. A. E.
²) Mémoires de Torcy II, 762—766.
³) Alberoni an Cellamare, 4. October 1717. M. A. E. — Mémoires de Torcy II, 796, 913.
⁴) St. Aignan an Huxelles, 4. November 1717. M. A. E.
⁵) Alberoni an Cellamare, 25. October 1717. M. A. E.
⁶) Robethon an St. Saphorin, 26. October/6. November 1717. Han. A.

die Convention wegen der Subsidienzahlung ganz nach englischem Vorschlage abzuschliessen.¹) Der Wiener Hof schlug jetzt, stolz auf die Ueberwindung des Halbmondes, einen ganz anderen Ton an. Sinzendorf erklärte neuerdings, eine formelle Verzichtleistung des Kaisers auf Spanien sei unmöglich; emphatisch ruft er aus: „Jamais nous ne ferons cette renonciation!"²) Prinz Eugen klagt bitter über die Intriguen Bonnac's, des französischen Gesandten in Constantinopel, der sich eifrigst bemühte, die erlahmende Kraft der Pforte zu neuem Kampfe wider den Kaiser anzutreiben;³) die kürzlich geschlossene Convention zwischen Frankreich, Preussen und Russland verstimmte den Wiener Hof auf das Aeusserste. Die Abreise Pendtenrieder's wurde von Woche zu Woche aufgeschoben, und als er endlich in London ankam,⁴) trat er schroff auf und forderte als Entschädigung für den spanischen Angriff auf Sardinien noch die Insel Majorca.⁵) Nicht lange hielt jedoch diese Zuversicht des kaiserlichen Gesandten an — sie wich bald grosser Entmuthigung; denn gleich die ersten Conferenzen, welche er mit den englischen Ministern hatte, enttäuschten seine Hoffnungen auf das Bitterste. Sein Verlangen betreffs Majorcas wurde mit ironischer Kühle abgelehnt, ja Lord Stanhope zögerte nicht, ihm rund heraus zu erklären, dass unter den gegebenen Verhältnissen England nicht daran denken könne, dem Kaiser die vertragsmässige Unterstützung gegen Spanien zu gewähren. Ein Krieg gegen dieses, jetzt, wo Frankreich und die Generalstaaten dem Abkommen noch nicht beigetreten seien, hiesse den englischen Handel zu Gunsten jener beiden Staaten ruiniren; zuerst müsse man sich daher ihrer versichern. Ueberdies hoffte er von der Sendung seines Vetters das Beste. Am folgenden Tage wiederholte Sunderland diese Erklärungen und fasste die Ansicht seiner Collegen in den Worten zusammen: Eine Kriegserklärung an Spanien von uns fordern, hiesse, uns auf das Schaffot treiben. Um den Regenten zu gewinnen, müsse der Kaiser aber zunächst rückhaltlos auf Spanien verzichten, auch den Generalstaaten in den Bar-

---

¹) Bericht Hoffmann's aus London, 25. October 1717. W. S. A.
²) St. Saphorin an Robethon, 27. October 1717. Han. A.
³) St. Saphorin an Robethon, 13. November 1717. Han. A.
⁴) Am 1. November.
⁵) Robethon an St. Saphorin, 29. October 9. November 1717. Han. A.

rière-Streitigkeiten mehr Nachgiebigkeit zeigen. Es ist leicht einzusehen, dass das entschiedene Verlangen nach einer förmlichen Verzichtleistung, die man in Wien bereits für beseitigt hielt, den kaiserlichen Gesandten sehr empfindlich treffen musste; es kam zu harten Worten zwischen ihm und den englischen Ministern; man trennte sich ohne Entscheidung. Noch übler erging es aber Pendtenriedter, als er kurz darauf eine Besprechung mit dem Abbé Dubois hatte. Dieser führte, um jenen vollständig mürbe zu machen, einen Coup aus, der ihn zwar mit der Wahrheit in argen Conflict brachte, aber den beabsichtigten Erfolg hatte. Er zeigte sich nämlich im höchsten Grade entrüstet über die Abmachungen zu Hannover vom December 1716; er behauptete, von ihnen bislang keine Ahnung gehabt zu haben, was eine thatsächliche Unrichtigkeit war, da Lord Stanhope sie ihm kurz darauf im Haag getreulich mitgetheilt hatte; er forderte weiter eine vollständige Renunciation auf die spanischen Länder vom Kaiser und äusserte sich über den Plan, Sicilien dem Kaiser zu geben, sehr unwillig: wie man dem Herzog-Regenten zumuthen dürfe, den Utrechter Frieden so umzustossen? Kurz, der österreichische Gesandte schrieb sehr kleinlaut nach Wien: die Sachen stünden für den Kaiser schlecht.[1]) Bald darauf trafen in London Briefe aus Madrid ein mit der Nachricht, dass Alberoni die Sendung eines Gesandten nach London, um auf Grund des ihm überbrachten Projectes Frieden zu schliessen, entschieden abgelehnt, sich überhaupt gegen Oberst Stanhope und Bubb sehr hochmüthig ausgesprochen habe; der König von Spanien könne sich nicht durch den Utrechter Frieden gebunden erachten — das sei eine actio inter alios acta gewesen.[2]) Diese Nachricht und die gleichzeitig aus Paris eintreffende von dem Ueberwiegen des Einflusses der spanischen Partei reiften das zweite Project Stanhope's, das er am 23. November Pendtenriedter mittheilt. Darin ist von einer ausdrücklichen Verzichtleistung des Kaisers auf Spanien nicht die Rede; dieser soll blos Anjou den ruhigen Besitz seiner Krone versichern und ihm den Königstitel zulegen, — dies war offenbar nur ein Manöver, um die Gereiztheit des kaiserlichen Gesandten zu schonen und das Odium der Forderung einer formellen Renunciation wieder auf

---

[1]) Bericht Pendtenriedter's aus London, 9. November 1717. W. S. A.
[2]) Bericht Pendtenriedter's aus London, 16. November 1717. W. S. A.

Frankreich zu schieben; denn es war den englischen Ministern kein Geheimniss, Dubois und Lord Stair wiederholten dies oft genug, dass der Regent unbedingt auf einer solchen bestehen werde. Ebenso war von einer anderen Bedingung, über welche Frankreich und England schon längst einig waren, nicht die Rede: von der Aussicht auf Toscana für den Sohn der Königin Elisabeth. Es wurde nur im Allgemeinen wiederholt, dass Parma, Piacenza und Toscana Reichslehen werden sollten, über deren Verwendung die Mächte sich zu einigen hätten; der Kaiser wäre dann verpflichtet, die Investitur und Expectativen den betreffenden Prinzen zwischen der Unterzeichnung und der Ratification des Vertrages zu ertheilen. Tritt Spanien gleich oder innerhalb einer festzusetzenden Frist bei, so muss es gleichfalls sich verpflichten, auf die früher zu Spanien gehörigen Länder des Kaisers keine Ansprüche mehr zu erheben, dafür erhält ein Sohn der Königin Parma. Sardinien muss an Carl Amadeus abgetreten werden, und zwar als Tauschobject für Sicilien. Tritt Spanien aber nicht bei, so soll Letztgenannter als Entschädigung für Sardinien Parma erhalten; weigert sich auch der Herzog von Savoyen, die Insel Sicilien herauszugeben, so werden die Mächte über Parma eine andere Verfügung treffen.[1]) So wie das Project dem österreichischen Gesandten mitgetheilt wurde, unterschied es sich von dem früheren in Hannover ausgearbeiteten nur dadurch, dass der Grundsatz aufgestellt wurde, Savoyen müsse für die Abtretung von Sicilien entschädigt werden; freilich war das allein schon eine Bedingung, die dem Wiener Hofe recht unangenehm klingen musste; namentlich die Möglichkeit, dass der Herzog, abgesehen davon, dass er seine mailändischen Erwerbungen behielt, durch Parma ein noch unbequemerer und gefährlicherer Nachbar werden könnte, verstimmte in Wien sehr. Wie erst, wenn auch die beiden von Frankreich geforderten Bedingungen wegen der Renunciation und Toscanas gestellt würden? Und die englischen Minister fühlten, dass da kein Widerstand möglich sei, wollte man die Mitwirkung des Regenten sichern. Denn Alberoni war mit neuen Lockungen an diesen herangetreten — die Krankheit Philipps hatte einen noch gefährlicheren Charakter angenommen — er trug seine

---

[1]) Bericht Pendtenrichter's aus London, 23. November 1717. W. S. A.

Hilfe an, dem Herzog von Orléans die französische Krone zu sichern im Falle des Todes Ludwigs XV. Als Pfand wollte er ihm sogar einige Grenzfestungen zur Besetzung mit französischen Truppen übergeben;[1] dafür verlangte er die Zusicherung der Regentschaft in Spanien für die Königin und für sich, wenn Philipp stürbe. Der Antrag mit der Abtretung der Festungen war ein zweischneidiger, da der Regent keine Generale und Soldaten hatte, auf die er sich hätte unbedingt verlassen können, aber er gab der spanischen Partei in Paris doch neue Gelegenheit, energisch für einen Anschluss an den blutsverwandten spanischen König und gegen die Verbindung mit dem Hause Habsburg einzutreten. So musste England gegen alle Forderungen, die der Regent zu Gunsten Spaniens erhob, die grösste Nachgiebigkeit zeigen. Während Pendtenriedter nur das Rumpfproject nach Wien sandte, gleichwohl mit der Anmerkung, dass er es nicht für die wahre Ansicht der englischen Minister halte — denn Graf Bothmer hatte ihm schon Andeutungen über die französischen Zusatzbestimmungen gemacht[2] — erhielt St. Saphorin reinen Wein eingeschenkt;[3] die englischen Minister verhehlten sich aber keineswegs, dass es die grössten Schwierigkeiten haben werde, jene zwei Punkte beim Kaiser durchzusetzen. Es trat jetzt gegen Ende des Jahres 1717 ein Moment ein, wo es schien, dass der ganze so glücklich begonnene Plan vollständig scheitern würde. Spanien beharrte bei seiner Weigerung, an dem Projecte mitzuarbeiten — es wollte keinen Ausgleich mit dem Kaiser; denn auch die Erklärung Alberoni's, sein König sei bereit, mit Karl VI. in Unterhandlung zu treten, sofern dieser zuerst eine bindende Erklärung über die Beobachtung der Neutralität Italiens geben wolle, war so gut wie eine Ablehnung.[4] Das berechtigte Verlangen des Kaisers um eine Genugthuung für den Angriff auf Sardinien, zumindest um Zurückgabe der Insel war spanischerseits nicht einmal einer Antwort werth gehalten worden.

Ferner nahm der Cardinal eine immer drohendere Haltung gegen England an, im Gegensatze zu den Werbungen um die Freund-

[1] Dubois an St. Saphorin, 11. December 1717. Han. A.
[2] Bericht Pendtenriedter's aus London, 19. November 1717. W. S. A.
[3] Robethon an St. Saphorin, 16. 27. November 1717. Han. A.
[4] St. Aignan an Huxelles, 14. November 1717. M. A. E. — Oberst Stanhope an Lord Stanhope, 14 November 1717. R. O.

schaft Frankreichs und der Staaten. Nebstbei setzte er die Rüstungen im grössten Massstabe fort. Die Nachrichten aus Paris lauteten immer trüber; der Regent, von Dubois getrennt, fiel mehr und mehr dem Einflusse der ministeriellen Partei anheim; Königsegg [1]) und Stair [2]) klagten übereinstimmend darüber. Die französischen Gesandten im Auslande, die von Huxelles und Torcy sich mehr lenken liessen als von Orléans, thaten das Ihrige, um ihn weiter fortzureissen, als er selbst wollte; St. Aignan in Madrid machte dort auf eigene Faust Eröffnungen über eine Heirat des Prinzen von Asturien mit einer Tochter des Regenten. [3]) — Chateauneuf im Haag intriguirte mit Beretti Landi gegen Cadogan. Zu alledem wurde die Haltung des Herzogs von Savoyen, welchem in dem englischen Projecte eine so grosse Rolle zugedacht war, immer zweideutiger: zur selben Zeit, da sein Gesandter La Perouse in London durch Pendtenriedter eine Annäherung seines Herrn an den Kaiser zu vermitteln suchte, [4]) und zwar das mit dem Hintergedanken einer Vermählung des savoyischen Kronprinzen mit einer Tochter Josephs I., kam ein anderer Abgesandter, Provana, nach Paris und leitete hier Verhandlungen ein wegen der Heirat einer Tochter des Regenten mit demselben Prinzen; [5]) endlich war der Botschafter in Madrid Abbate Maro, welcher Alberoni durch seinen Scharfblick unbequem geworden war, dessen Wunsche gemäss abberufen worden und ein neuer Gesandter, Conte Lascaris, rüstete sich zur Reise nach Spanien, versehen mit geheimen Instructionen.

Ueberdies schien durch häuslichen Zwist Englands Macht lahmgelegt zu sein; nachdem er schon lange im Stillen bestanden hatte, war der Conflict zwischen König Georg und seinem Sohne endlich öffentlich ausgebrochen; er drohte das Land in zwei Lager zu spalten.

In diesem sehr kritischen Momente, da Alles von der Stellungnahme des Herzogs von Orléans abhing, reiste der Abbé Dubois nach Paris, angeblich, um dort das neue englische Project zu über-

---

[1]) Bericht Königsegg's aus Paris, 19. November 1717. W. S. A.
[2]) Lord Stair an Lord Stanhope, 28. November 1717. W. S. A.
[3]) Herzog von Orléans an St. Aignan, 27. December 1717. M. A. E.
[4]) Bericht Pendtenriedter's aus London, 16. November 1717. W. S. A.
[5]) Bericht Königsegg's aus Paris, 19. November 1717. W. S. A.

geben, in Wirklichkeit aber, um durch seinen Einfluss auf seinen ehemaligen Zögling denselben aus den Schlingen der spanischen Partei zu befreien. Merkwürdig rasch gelang ihm das; der Regent kehrte zu seinen früheren Ansichten über die Zweckmässigkeit eines Anschlusses an England und den Kaiser zurück, natürlich aber unter der Bedingung der grössten Rücksichtnahme auf Spanien, der Annahme der Punkte über die kaiserliche Renunciation und Verleihung Toscanas an Don Carlos.[1]) Am 24. December lehnte er entschieden die Theilnahme an einer spanischen Unternehmung gegen den Kaiser ab, sei der Preis auch Flandern;[2]) so konnte Dubois beruhigt am letzten Tage des Jahres 1717 wieder in London eintreffen, ausgestattet mit umfassenden Vollmachten zur Unterzeichnung der Allianz.[3]) Glücklich war die Krisis für die englischen Minister abgelaufen — dem kommenden Jahre musste es vorbehalten sein, auch in Wien ihr Ziel zu erreichen; als ein gutes Omen konnten sie es aber betrachten, dass in diesen Tagen endlich die Separat-Convention in London unterzeichnet wurde betreffs der Zahlung der englischen Subsidien: der Kaiser hatte sich dem Verlangen Englands nach einer Erklärung, den Prätendenten nicht im Reiche und in den Erbstaaten zu dulden, fügen müssen; nur die Milderung war bewilligt worden, beide Punkte zu scheiden und den Beschluss über den zweiten zurück zu datiren, damit es nicht heisse, der Kaiser habe für Geld einen katholischen Prinzen aus seinen Ländern verwiesen.

[1]) Dubois an Lord Stanhope, 14. December 1717. W. S. A.
[2]) Herzog von Orléans an St. Aignan. M. A. E.
[3]) Bericht Pendtenriedter's aus London, 4. Januar 1718. W. S. A.

III. Capitel.

Der Abschluss der Quadrupel-Allianz.

Gleichzeitig mit dem Berichte Pendtenriedter's über das neue, ihm von Lord Stanhope mitgetheilte Project waren auch Nachrichten von Königsegg in Wien eingetroffen, welche keinen Zweifel daran liessen, dass die englischen Vorschläge vom Regenten eine Erweiterung erfahren würden; und die geheime Conferenz zog auch letztere in den Kreis ihrer Betrachtungen, als sie am 31. December unter dem Vorsitze des Kaisers zur Beschlussfassung zusammentrat.

Die Versammlung betrachtete zuerst die allgemeine Lage der Dinge: wie es Pendtenriedter nicht möglich gewesen sei, gemäss seinen Aufträgen eine Offensiv-Allianz gegen Spanien, wenn nöthig auch ohne den Regenten, in London durchzusetzen, wie England erst im kommenden Frühjahre eine Hilfe für Sardinien in Aussicht gestellt habe, wie Stanhope endlich von seinem eigenen in Hannover vorgelegten Friedensprojecte abgegangen sei. Als Grund, warum die englischen Minister eine solche Haltung angenommen haben, führt die Conferenz an, dass Spanien sich gegen einen solchen Vorschlag feindlich gezeigt, ja wohl nur deshalb den Einfall in Sardinien gemacht habe, um das ganze Werk zu hintertreiben, das ihm jede Hoffnung auf die Erwerbung der französischen Krone nahm; dass der Regent unbeständig sei und die alte Hofpartei gegen sich habe, welche die Macht des Kaisers in Italien nicht grösser werden lassen und dem Herzoge von Anjou trotz aller Renunciationen die Thronfolge in Frankreich sichern wolle. Die englische Regierung habe eben den Fehler begangen, ihren Einfluss in Madrid zu überschätzen; nun ein Krieg in Sicht sei, schrecke das englische Volk aus Rücksichten auf seinen Handel vor demselben zurück.

Es wird ferner erwogen, dass die Generalstaaten noch immer nicht in einem freundschaftlichen Verhältnisse zum Kaiser stünden. Käme nun der Tractat nicht zu Stande, so würde der Regent sich mit Anjou versöhnen, und dabei könnte wohl Neapel oder ein anderer Theil Italiens verloren gehen. Die Conferenz betrachtet hierauf den Unterschied zwischen dem vorliegenden, die geforderte unbedingte Renunciation, die Abtretung Sardiniens, die Belehnung Don Carlos' mit Toscana enthaltenden Projecte und dem in Hannover entworfenen. Sie kommt zur principiellen Entscheidung: da Anjou an der Spitze einer grossen Macht zu neuem Einfalle in Italien bereit ist, Frankreich und Holland unzuverlässlich sind, im deutschen Reiche das nordische Feuer weiterglimmt, jetzt ein Vergleich zwischen Russland und Schweden zu fürchten steht, die Fortsetzung des Türkenkrieges möglich ist, soll Pendtenriedter die Verhandlungen in London fortsetzen, nochmals versuchen, England zur activen Theilnahme am Kriege gegen Spanien zu bewegen, mindestens aber die Absendung einer Escadre in das Mittelmeer erreichen. Was die einzelnen Punkte der neuen Vorschläge betrifft, so stellt die Conferenz Folgendes fest: die ausdrückliche Bestätigung des Utrechter Friedens soll vermieden werden; die Anerkennung des Herzogs von Anjou als König von Spanien ist unmöglich, so lange dieser dem Kaiser nur den Titel eines Erzherzogs gibt; eine Renunciation auf die in Philipps Besitze befindlichen Länder ist wohl unvermeidlich — die Conferenz arbeitet sogleich einen Entwurf dafür aus, — Sardinien kann abgetreten werden, aber dafür soll der Gesandte neuerlich Alles versuchen, um Montferrat oder die mailändischen Gebiete zu erhalten. Nie darf aber Parma an den Herzog von Savoyen fallen, ebenso darf Toscana nie in den Besitz des Hauses Bourbon kommen. Der Kaiser will Toscana keineswegs für sich in Anspruch nehmen, sondern es soll als Entschädigung für Lothringen verwendet werden. Tritt Spanien dem Vertrage nicht bei, so hat Pendtenriedter auf Restitution der Privilegien der Aragoneser und Catalanen zu bestehen.[1]) Diese Entscheidung der Minister wurde vom Kaiser vollinhaltlich genehmigt und den beiden Gesandten in London und Paris, sowie auch St. Saphorin mitgetheilt. Letzterer nahm diese Nachricht zum Anlasse einer langen Auseinander-

---

[1]) Referat vom 11. Januar 1718 über die Conferenz-Sitzung vom 31. December 1717. W. S. A.

setzung mit Sinzendorf, in welcher er ihm neuerdings die unbedingte Nothwendigkeit einer vollständigen und unbeschränkten Verzichtleistung auf Spanien begründete und den österreichischen Staatsmann endlich zu dem Ausrufe bewog: „Le traité ne se rompra pas pour cela!" Dagegen fürchtete der englische Gesandte, die Clausel über Toscana werde den Stein des Anstosses bilden.[1])

Unterdessen hatten die Minister König Georgs, um dem Kaiser angenehm zu sein, sich nochmals bemüht, ihr Project in der Fassung, wie es Pendtenriedter mitgetheilt worden war, beim Regenten durchzusetzen; allein in der Erkenntniss, dass da alle Anstrengung fruchtlos sei, mussten sie sich bald den französischen Wünschen accommodiren.[2]) So ging Stanhope daran, ein drittes Mal seine Vorschläge niederzuschreiben — es sollte das letzte Mal sein. Secretär Schaub bekam den Auftrag, damit zuerst nach Paris zu gehen, von da nach erlangter Zustimmung des Herzogs von Orléans nach Wien; gleichzeitig sollte ein ausserordentlicher französischer Gesandter einen neuen Versuch machen, den Beitritt Spaniens zum Tractate zu erzielen.[3]) Die französischen Zusatzbedingungen fanden natürlich ihren Platz in diesem dritten Projecte; ein Punkt dagegen, der in dem vorigen in Wien so viel Anstoss erregt hatte, konnte mit Beistimmung des Regenten wegbleiben — es war nicht mehr die Rede davon, dass Parma je an Savoyen fallen solle. Ausserdem suchte Stanhope die Bestimmung wegen Toscanas abzuschwächen, indem er vorschlug, das am Meere gelegene Gebiet mit Livorno und Pisa zu einem Freistaate zu machen.[4]) Am 2. Februar verliess Schaub London. Am Tage zuvor hatte Pendtenriedter das kaiserliche Rescript erhalten, welches den Beschluss der Conferenz vom 31. December enthielt; er wollte sogleich seine Aufträge erledigen, bekam die englischen Minister aber erst nach der Abreise Schaub's zu sprechen; auch dann wurde er sehr kühl behandelt; der Vorschlag wegen der Offensiv-Allianz mit dem Kaiser gegen Spanien wurde noch einmal

---

[1]) St. Saphorin an Robethon, 16. Januar 1718. Han. A.
[2]) Herzog von Orléans an Dubois, 24. Januar 1718. Lemontey, Histoire de la Régence, I, 138. — Lord Stair an Lord Stanhope, 13. Januar 1718. Han. A.
[3]) Robethon an St. Saphorin, 18./29. Januar 1718. Han. A.
[4]) Robethon an St. Saphorin, 4. 15. Januar 1718. Han. A.

entschieden verworfen und auch, als er um die Absendung einer
Escadre in das Mittelmeer ersuchte, nur ganz allgemein geantwortet:
man rüste bereits Schiffe aus.[1]) Stanhope und seine Collegen wollten
zuerst des Regenten ganz sicher sein, bevor sie mit neuen Anträgen
an den Kaiser herantraten.

Schaub war am 8. Februar in Paris eingetroffen; er hatte sofort das neue Project dem Regenten übergeben; dieser holte darüber zuerst die Meinung von Huxelles und Torcy ein. Sie ermangelten nicht, eine Menge Einwände zu machen; in den Besprechungen, welche sie mit den englischen Vertretern Stair und Schaub hatten, es waren deren sechs, kam es zu heftigen Debatten; diesmal hielt Orléans aber tapfer seinen Ministern Stand und ergriff stets die Partei der Engländer. Er genehmigte schliesslich fast das ganze Project in der ihm vorgelegten Fassung. Nur wurden in dem Renunciationsentwurfe, welcher dem Kaiser vorgelegt werden sollte, die Worte „in perpetuum" gestrichen, womit man dem Wiener Hofe einen Gefallen zu erweisen dachte;[2]) ebenso der Artikel über die Lostrennung Pisas und Livornos von Toscana.

Schaub hatte den Auftrag erhalten, auf diesem Punkte möglichst zu bestehen, wenn er jedoch auf allzugrosse Schwierigkeiten stossen sollte, ihn fallen zu lassen. Obwohl die französischen Minister sich sofort dagegen ausgesprochen hatten, war der Regent doch nicht abgeneigt gewesen, dem englischen Wunsche nachzugeben; da erfuhr er jedoch von Dubois aus London, dass dies keine conditio sine qua non sei — leicht begreiflich, dass er nun dem Kaiser nichts Günstigeres verschaffen wollte als England und daher sich der Meinung seiner Rathgeber anschloss.[3]) Damit war dem Projecte Stanhope's jene Fassung gegeben, in welcher es mit geringen Modificationen endlich angenommen wurde.[4])

---

[1]) Bericht Pendtenriedter's aus London, 8. Februar 1718. W. S. A.
[2]) Schaub's Bericht über seine Pariser Mission, 18. März 1718. Han. A.
[3]) Memoiren des Grafen Bothmer, mitgetheilt von Dr. R. Doebner. Forschungen zur deutschen Geschichte, Bd. 26, p. 237 ff.
[4]) Dieses Project zerfällt in vier Theile; der erste enthält die Bedingungen des Friedens zwischen dem Kaiser und dem Könige von Spanien in folgenden acht Artikeln:

1. Der König verpflichtet sich, die Insel Sardinien herauszugeben und auf alle Rechte auf dieselbe zu verzichten.

Am 18. Februar reiste Schaub weiter nach Wien; sechs Tage vorher war das letzte Project, direct von Stanhope an St. Saphorin

II. Der Kaiser bestätigt die Bestimmungen des Utrechter Friedens über die ewige Trennung der beiden Monarchien Frankreich und Spanien und verzichtet für sich und seine Nachkommen auf die letztere.
III. Demzufolge erkennt er den Herzog von Anjou als König von Spanien an.
IV. Der König verzichtet auf die ehemals spanischen Länder in Italien, ebenso auf das im Utrechter Frieden bedungene Rückfallsrecht Siciliens an Spanien.
V. Die Herzogthümer Parma und Piacenza, sowie das Grossherzogthum Toscana werden zu Lehen des Reiches erklärt und fallen nach dem Aussterben der jetzt regierenden Häuser an einen Sohn der Königin Elisabeth von Spanien, aber so, dass dieser Prinz nie zugleich König von Spanien sein darf. Livorno bleibt Freihafen. Derselbe Prinz erhält auch die jetzigen spanischen Besitzungen in Italien: Porto Longone und Theile der Insel Elba.
VI. Der König ist damit einverstanden, dass die Insel Sicilien an den Kaiser fällt.
VII. spricht die gegenseitige Garantirung des Besitzstandes aus.
VIII. Diese Artikel sollen binnen zwei Monaten ausgeführt und die Ratificationen binnen zwei Monaten nach der Unterzeichnung derselben ausgewechselt werden.

Zweitens: Bedingungen des Friedens zwischen Kaiser und König von Sicilien.
I. Der König tritt die Insel Sicilien an den Kaiser ab.
II. Der Kaiser tritt die Insel Sardinien an den König ab mit Wahrung des Rückfallsrechtes derselben an Spanien.
III. Der Kaiser bestätigt die Bedingungen des Turiner Friedens vom Jahre 1703.
IV. Der Kaiser erkennt das Recht der savoyischen Prinzen auf die Thronfolge in Spanien an: nur müssen dann ihre italienischen Länder an ihre Collaterales übergehen.
V. Gegenseitige Garantirung des Besitzstandes.

Drittens: Frankreich, England und die Generalstaaten werden sich sofort beim Könige von Spanien verwenden, damit derselbe die Insel Sardinien dem Kaiser freiwillig abtrete; sollte dies aber trotzdem nicht geschehen, so werden die drei Mächte die nöthigen Massregeln treffen, um den Frieden in Italien zu bewahren und obige Bedingungen durchzuführen. Zu diesem Behufe schliessen sie mit dem Kaiser ein Defensiv- und Freundschaftsbündniss.

In den ersten sechs Artikeln sind die üblichen Bestimmungen über Freundschaft, Bestätigung früherer Verträge und gegenseitige Garantirung des Besitzstandes enthalten.

VII. Wird eine Macht angegriffen, so haben die anderen binnen zwei Monaten nach erfolgter Requisition seitens des angegriffenen Theiles, und falls eine freundschaftliche Vermittlung sich nutzlos erwiesen hat, demselben mit

eingeschickt, dorthin gekommen. Die kaiserlichen Minister, welche Pendtenriedter von der Einsendung benachrichtigt hatte, liessen

achttausend Mann zu Fuss und viertausend Reitern (die Generalstaaten je mit der Hälfte) zu Hilfe zu kommen; diese Leistung kann auch entsprechend in Geld oder Schiffen bestehen.

VIII. Es können diesem Bündnisse auch andere Staaten beitreten; ausdrücklich wird dabei Portugal erwähnt.

Viertens zwölf Separat- und Geheimartikel.

I. Nachdem Frankreich, England und die Generalstaaten über die Bedingungen des Friedens zwischen Kaiser, Spanien und Savoyen übereingekommen sein werden, verpflichtet sich der Kaiser dieselben anzunehmen.

II. Spanien und Savoyen wird zur Annahme derselben drei Monate Zeit gelassen, von dem Tage der Unterzeichnung an gerechnet.

III. Treten sie innerhalb dieser Frist nicht bei, so werden die Mächte den Kaiser nach Art. VII des Bündnissentwurfes unterstützen, bis er Sicilien eingenommen und seine italienischen Staaten gesichert haben wird, wobei die Hilfeleistung Frankreichs in Geld geleistet werden soll.

IV. Tritt nur eine der beiden Mächte bei, so hat sie an der Bekriegung der andern theilzunehmen.

V. Tritt Spanien bei, Savoyen aber nicht, so wird die Insel Sardinien für die Dauer des Krieges der Verwaltung Englands oder Hollands übergeben mit Nutzniessung für den Kaiser, bis er sie gegen Sicilien umtauschen kann; ist letzteres nicht möglich, so bleibt Sardinien im Besitze des Kaisers.

VI. Tritt Savoyen bei, Spanien aber nicht, so muss der Kaiser an der Eroberung Sardiniens mithelfen.

VII. Sollten Schwierigkeiten beim Austausche Sardiniens gegen Sicilien entstehen, so muss der Kaiser zuerst Sardinien erobern, das dann wieder an England oder Holland zur Verwaltung übergeben wird.

VIII. Muss mit Spanien oder Savoyen Krieg geführt werden, so behalten sich die Mächte die Entscheidung darüber vor, welcher Prinz die Anwartschaft auf Parma, Piacenza und Toscana, sowie auf die Theile Montferrats erhalten soll, welche jetzt im Besitze von Savoyen sind. Doch darf das nie ein kaiserlicher Prinz sein.

IX. Sollte es dem Kaiser trotz angemessener Bemühungen nicht gelingen, Sicilien oder Sardinien zu erobern, so wird er aller Verpflichtungen ledig, welche dieser Tractat ihm auferlegt.

X. Wie schon bestimmt, haben Kaiser und Spanien auf ihre Länder gegenseitig zu renunciren; der Kaiser muss dies aber auch thun, wenn Spanien nicht beitritt; in diesem Falle bleibt seine Renunciation jedoch geheim; der König von England erhält darüber „un acte authentique", welcher an Spanien erst bei dessen Beitritt zu übergeben ist.

XI. Der Kaiser verpflichtet sich, innerhalb des Zeitraumes von drei Monaten, während welchem Spanien und Savoyen der Beitritt offen steht, diese Mächte nicht zu beunruhigen; führt Spanien aber in seinen begonnenen Feindseligkeiten fort oder greift Savoyen den Kaiser an, so tritt der Art. VII des Bündnissentwurfes sofort in Geltung.

noch am selben Abend zu sehr später Stunde den englischen Gesandten zu sich bitten, um Kenntniss davon zu erhalten. Dieser las es vor; es erregte schon bei der ersten flüchtigen Lesung den heftigsten Unwillen der österreichischen Staatsmänner; sie mussten die Beobachtung machen, dass England in jedem Punkte den französischen, in keinem einzigen den kaiserlichen Wünschen Rechnung getragen hatte.[1] Wie St. Saphorin in den nächsten Tagen berichtete, erregten die grössten Schwierigkeiten der Artikel über die Verzichtleistung des Kaisers auf Spanien, selbst für den Fall, dass Spanien der Allianz nicht beitreten sollte, dann jener der Verfügung über Toscana; endlich war noch eine neue Clausel aufgenommen worden, welche in Wien sehr unangenehmen Eindruck machte: nach dem Aussterben der jetzigen savoyischen Dynastie sollte Sardinien an Spanien zurückfallen. Der Gesandte drückt neuerdings die Befürchtung aus, besonders die Bestimmung über Toscana werde dem Zustandekommen des Projectes sehr hinderlich sein;[2] er erklärt auch, warum der Kaiser um so Vieles leichter die Zustimmung zur Belehnung eines spanischen Prinzen mit Parma gegeben habe: weil auf diesen Staat der Papst als kirchliches Lehen Anspruch mache und er dadurch mit Spanien in Conflict kommen würde.[3] Was den Vorschlag betrifft, Pisa mit Livorno abzutrennen, so zeigte man sich am Wiener Hofe dagegen recht gleichgiltig. Am 4. März kam Schaub mit dem vom Regenten genehmigten Entwurfe nach Wien: da in diesem jener neue Freistaat an der toscanischen Küste beseitigt erscheint, so beschweren sich die kaiserlichen Minister darüber plötzlich sehr bitter;[4] dagegen machte ausgezeichneten Eindruck die Streichung der Worte „in perpetuum" und die mildernde Bestimmung, dass, im Falle Spanien nicht beitrete, die kaiserliche Renunciation geheim bleiben solle. Um die Empfindlichkeit Karls VI. zu schonen, hatten die Engländer diesen Ausweg ge-

---

XII. Diese eilf Artikel bleiben zwischen den vier Mächten durch drei Monate nach dem Tage der Unterzeichnung geheim, falls die Mächte sich nicht einmüthig für eine Kürzung oder Verlängerung dieses Termines aussprechen. — Correspondenz St. Saphorin's, VII. Bd. Han. A.

[1] St. Saphorin an Robethon, 20. Februar 1718. Han. A.
[2] St. Saphorin an Robethon, 23. Februar 1718. Han. A.
[3] St. Saphorin an Robethon, 2. März 1718. Han. A.
[4] St. Saphorin an Robethon, 5. März 1718. Han. A.

funden und den Regenten dafür günstig gestimmt. Ihre Berechnung hatte sie nicht getäuscht. Unermüdlich arbeiten nun Saphorin und Schaub an dem Zustandekommen dieses Projectes; immer wieder stellen sie den Wiener Staatsmännern die grossen Vortheile vor, welche der Kaiser aus der schleunigen Annahme des ganzen Projectes ziehen würde, sie überreichen am 14. März darüber ein umfangreiches Memoire. Ihre Erwägungen lassen sich kurz in folgende Sätze zusammenfassen: der Kaiser erhält sofort Sicilien, also eine reiche Provinz für das arme Sardinien; weiters noch die Lehensoberherrschaft über Parma und Toscana. Die Vortheile, welche dagegen Spanien aus diesem Abkommen schöpft, liegen noch in weiter Ferne und ruhen auf den zwei Augen eines zarten Kindes.[1]) Die geheime Conferenz beschäftigte sich den ganzen Monat März über mit den neuen Vorschlägen; sie erwog nochmals reiflich das Für und Wider der Sache, prüfte eingehend die politische Lage Europas, gedachte neuerlich, dass Oesterreich jedesmal durch zu starres Bestehen auf seinem Rechte zu Schaden gekommen sei, sie erkannte, dass der vorliegende Entwurf ein Ultimatum sei, von dessen Annahme die Freundschaft und die Unterstützung der Seemächte und Frankreichs abhänge, und kam darum endlich schweren Herzens zum Entschlusse, auch in den Punkten der Renunciation und Toscanas nachzugeben; die übrigen Artikel waren ja schon vor Wochen genehmigt worden.

Die Conferenz tröstete sich zugleich mit der Erwägung, dass die Verzichtleistung keineswegs universell sein würde, für die einzelnen Erzherzoginnen also gar nicht bindend. An den von Schaub überbrachten Vorschlägen wurden nur einige kleinere Aenderungen gemacht: die Amnestie der österreichischen und spanischen Unterthanen, die beim Kriege und Aufstande in Spanien und Italien betheiligt gewesen waren, wurde verlangt; dann sollte überall, wo die savoyische regierende Familie erwähnt wird, auch der Nebenlinien gedacht werden, — eine Concession für den Prinzen Eugen — endlich sollte durch einen Zusatzartikel verhindert werden, dass bei Lebzeiten der regierenden Fürsten spanische oder französische Besatzungen in Parma, Piacenza und Toscana hineingelegt wür-

---

[1]) Memoiren von Bothmer, pag. 239—240.

den¹) — es ist, als ob die Conferenz geahnt hätte, dass diese Forderung später aufgestellt werden würde. Am 4. April theilte Graf Sinzendorf dem englischen Gesandten officiell die Annahme des Projectes mit;²) Pendtenriedter und Königsegg wurden gleichfalls sofort davon in Kenntniss gesetzt.

Damit war das grosse Werk in der Hauptsache beendet, wenn auch noch viele Schwierigkeiten sich erhoben, bis es völlig abgeschlossen werden konnte. Unleugbar bot es in der jetzigen Fassung für den Kaiser noch immer grosse Vortheile; diejenigen, welche die Engländer angeführt hatten, waren nicht ohne Berechtigung; nicht der geringste war, dass die kaiserliche Politik damit von dem chimärischen Projecte der Wiedervereinigung der ganzen Monarchie Karls V. unter einem Scepter endlich abgezogen ward und mit unabänderlichen Thatsachen zu rechnen begann. Freilich war man in Wien, als man Ja und Amen sagte, nicht ganz aufrichtig: die österreichische Regierung hoffte, dass die Bestimmungen betreffs Parmas und Toscanas nie zur Ausführung kommen, dass Spanien selbst durch sein Verhalten dazu Anlass geben würde.

Zur selben Zeit, da der englische Abgesandte die Zustimmung des Wiener Hofes zu den letzten Vorschlägen Stanhope's und des Regenten einzuholen nach Wien reiste, blieb den Verbündeten noch eine viel schwerere Aufgabe zu lösen: den Beitritt Spaniens zu erreichen. Auch hier hofften aber die englischen und französischen Minister auf glücklichen Erfolg. Sie erinnerten sich, dass Alberoni immer seine friedlichen Absichten betont, dass er der Mission Monti's freudig zugestimmt, dass er ja Ende des Vorjahres sogar die Erklärung abgegeben hatte, unter bestimmten Voraussetzungen in die Unterhandlungen über den Frieden mit dem Kaiser eintreten zu wollen. In alledem irrten sie; es kann nicht genug stark betont werden, dass das Ziel der Politik des Cardinals damals nur mehr die Vertreibung des Kaisers aus Italien gewesen ist; in diesem Sinne schreibt er in nicht misszuverstehender Weise oft an Cellamare.³) Die Aus-

---

¹) Protokolle der Conferenz-Sitzungen vom 3. und 20. März und 4. April 1718. W. S. A.
²) St. Saphorin und Schaub an Lord Stair, 5. April 1718. Han. A.
³) La conclusione, Signor Principe mio, è che tutto il mondo sta in un profondo letargo, ed in una crassa ignoranza che sia necessario oggi una

sicht auf den französischen Thron war in dem Masse geschwunden, in welchem die Gesundheit des kleinen Ludwig XV. sich kräftigte; Alberoni konnte daher alle Mittel des Landes, das er regierte, auf die Wiedereroberung der verloren gegangenen italienischen Provinzen richten. Da seine Vorschläge bezüglich der Theilnahme daran von Frankreich und den Generalstaaten abgelehnt worden waren, musste er sich auf die eigene Macht allein verlassen — er hoffte sie aber hinreichend; er glaubte nicht daran, dass England und Frankreich den Kaiser thatsächlich unterstützen würden, er überschätzte die Tragweite des Conflictes zwischen König Georg und seinem Sohne,[1]) er überschätzte die Macht der alten Minister in Paris. In diesen Ansichten wurde er durch das vorsichtige Auftreten der Gesandten dieser Staaten in Madrid bestärkt. Er hoffte ausserdem auf den Wiederbeginn des Türkenkrieges, unermüdlich arbeiteten seine Emissäre in Constantinopel daran, er hoffte durch Schweden und Russland dem hannoveranischen Könige und dem Kaiser schwere Sorgen zu bereiten. Nicht eine einzige dieser Hoffnungen und Annahmen bewährte sich, Stein um Stein löste sich von diesem stolzen Zukunftsgebäude los, um endlich den Cardinal selbst unter den Trümmern zu begraben.

Da seine Allianzvorschläge von Frankreich und den Generalstaaten abgelehnt worden waren, suchte er an Savoyen einen Bundesgenossen zu gewinnen; schon in den ersten Tagen des Jahres 1718 schrieb er dem savoyischen Gesandtschaftssecretär Corder, dass er im kommenden Frühjahre einen Hauptschlag gegen den Kaiser zu führen gedenke, und gab seinem Wunsche nach gutem Einvernehmen mit Carl Amadeus Ausdruck.[2]) In gleicher Weise ver-

---

guerra universale che bruggiarà tutto il mondo per mettere in dovere l'Arciduca, 10. Januar 1718; assolutamente non si può assicurare la quiete d'Italia, ed in conseguenza formare il necessario equilibrio in Europa se vi resta un solo Tedesco in Italia, 24. Januar 1718; la risoluzione è presa di morire con la spada alla mano..., 21. Februar 1718. M. A. E.

[1]) ... dicami per l'amor di Dio, chi può mai pensare che la nazione Inglese voglia per il bel viso dell'Arciduca perdere questo grandissime convenienze che ricava dal commercio che fa colla Spagna. So si parla del Rè Giorgio parmi che le sue dissenzioni domestiche non li permettino troppo d'andare fuori per cercare nuove guai. Alberoni an Cellamare, 24. Januar 1718. M. A. E.

[2]) Domenico Carutti, Storia della Diplomazia della Corte di Savoia III, 514.

suchte Cellamare in Paris den dortigen Gesandten La Perouse für die Idee des Cardinals zu gewinnen; der vorsichtige Italiener hütete sich aber wohl, anders als ausweichend zu antworten.[1]) Savoyen trug sich im Gegentheil, wie später auszuführen sein wird, mit ganz anderen Plänen.

Graf Monti kehrte Mitte Februar aus Spanien zurück, unverrichteter Sache — er wusste viel von den kriegerischen Plänen Alberoni's, von dessen grossartigen Rüstungen zu erzählen.[2]) Er sprach die Wahrheit; Spanien rüstete mit fieberhafter Thätigkeit; es wurde sogar ein spanischer Admiral, Castañeta, nach Holland gesandt, um daselbst Schiffe anzukaufen[3]) — wieder ein Rath Beretti Landi's, der gründlich fehlschlug: ohne Erfolg musste jener zurückkehren. Auf die Vorstellungen Oberst Stanhope's gab Alberoni die beruhigendsten Versicherungen; er beabsichtige nur die spanischen Besatzungen auf Sardinien und in Porto Longone zu verstärken.[4]) So standen die Dinge in Spanien, als der ausserordentliche Gesandte Frankreichs, Marquis von Nancré, am 23. März nach Madrid kam.

Seinen Instructionen zufolge sollte er den Cardinal in Unkenntniss darüber lassen, dass gleichzeitig dasselbe Project, welches er vorzulegen hatte, in Wien Gegenstand der Berathung war; man wollte Alberoni im Glauben bestärken, die Westmächte wünschten erst mit Spanien einig zu werden, um dann mit einer unumstösslichen Thatsache vor den Kaiser zu treten. Daher sollte Nancré von den geheimen Artikeln zunächst keine Erwähnung thun. Und da in Paris vorausgesehen worden war, Spanien würde zur Sicherung seines Rechtes die Besetzung der italienischen Fürstenthümer fordern, so hatte der französische Gesandte den Auftrag erhalten, ein solches Verlangen zuerst abzulehnen, mit dem Hinweise auf den Widerstand, den es in Wien finden würde, dann aber, falls Alberoni hartnäckig darauf bestünde, im Principe nachzugeben, die endgiltige Formulirung aber hinauszuschieben. Wenn so das Terrain geebnet und dann auch die Zustimmung des Kaisers eingetroffen sein würde, sollte er, um die

---

[1]) Memorie di Cellamare, f. 171.
[2]) Memorie di Cellamare, fol. 168 v.
[3]) Bericht Heems' aus dem Haag, 1. März 1718. W. S. A.
[4]) Oberst Stanhope an Addison, 7. Februar 1718. R. O.

letzten Schwierigkeiten zu beseitigen, zwei geheime, von England und Frankreich beschlossene Separat-Artikel kund machen: das Versprechen der Mächte, der Königin im Falle des Todes Philipps die vormundschaftliche Regierung zu sichern und die Abtretung Gibraltars.[1]) Namentlich von letzterem Antrage hoffte man in Paris grosse Wirkung. Es war eine Idee Dubois' gewesen, diese Bergfestung, welche England im letzten Kriege den Spaniern abgenommen hatte, ihnen zurückzugeben.[2]) Die englischen Minister waren anscheinend bereitwillig darauf eingegangen, ohne sich irgendwie zu binden, denn eine schriftliche Verpflichtung dazu, wie sie Nancré gerne mitgenommen hätte, wurde in London unbedingt verweigert.[3]) Es hat den Anschein, als ob hierin die verbündeten Regierungen nicht aufrichtig gegen einander gewesen wären; während Frankreich mit Bestimmtheit auf eine Abtretung Gibraltars — sei es durch Kauf oder Cession — rechnete, mochte die englische Regierung wenig mehr als eine Lockspeise damit angeboten haben, welche, nachdem sie ihre Schuldigkeit gethan hätte, rasch wieder von der Tafel verschwinden sollte; denn es musste ihnen ja klar sein, was später wirklich eintrat, dass eine solche Massnahme in England ausserordentlich unpopulär wäre und ernstlich den Bestand des Cabinetes gefährden würde. Die englischen Gesandten in Madrid wussten überhaupt nichts von diesem Plane. Es findet sich auch noch eine andere Divergenz in den Instructionen, welche Nancré und Stanhope von ihren Regierungen erhalten hatten: während der Engländer zuerst nur Toscana ohne den am Meere gelegenen Theil anbieten soll, und erst später das Ganze, so hat der Franzose nach dem Wunsche des Regenten gleich ganz Toscana dem Sohne der Königin zu versprechen.[4]) Zu seiner grössten Ueberraschung fand

---

[1]) Mémoire pour le Ms. de Nancré par Dubois, Februar 1718. — Instructions pour le même par le régent, 25. Februar 1718. M. A. E.
[2]) ... raisonnant avec Mylord Stanhope sur le peu d'étoffe qu'il y avait pour contenter les parties intéressées au traité ... si l'Angleterre pouvait céder à l'Espagne Gibraltar, cela serait capable de déterminer le roi catholique à faire sa paix ... Dubois an den Herzog von Orléans, 11. November 1717; Lemontey, a. a. O., II, 395.
[3]) Dubois an Nancré, 17. Februar 1718; Lemontey, II, 396.
[4]) Memoiren von Bothmer, pag. 230. — Oberst Stanhope an Addison, 19. März 1718. R. O.

Nancré den Cardinal bereits über den Umstand unterrichtet, der im grössten Geheimnisse hätte bleiben sollen, dass dasselbe Project schon am Kaiserhofe berathen wurde.

Der Cardinal nahm die Eröffnungen der Gesandten — ihnen schloss sich noch der päpstliche Nuntius Aldobrandi an — sehr ungnädig auf; er liess sich wiederholt zu den grössten Zornesausbrüchen hinreissen; dabei verstummte er aber nie, den Marquis seiner friedfertigen Gesinnung zu versichern und alle Schuld an dem Kriege auf den Eigensinn der Königin zu schieben.[1]) Die nächsten Wochen vergingen in kleinlichen Wortzänkereien.[2]) Theils war damals die Königin durch ihre Niederkunft verhindert, sich mit Politik zu befassen, theils wollte Alberoni zuerst die Entscheidung des Kaisers abwarten und hoffte noch auf eine Ablehnung von dieser Seite her, was natürlich seine Pläne unendlich gefördert hätte. Er benützte jede Gelegenheit, um auf die Geringfügigkeit der an Spanien gemachten Concessionen hinzuweisen; weit entfernt sei die Aussicht, jene Fürstenthümer in Besitz zu nehmen, gar keine Sicherheit dafür geboten: entschieden verlangte er, wenigstens spanische Garnisonen hineinlegen zu dürfen. Am 22. April endlich bringt ein Courier die Nachricht von dem Beitritte des Kaisers zum Projecte.

Nun eröffnet Nancré dem Cardinal auch seine geheimen Vorschläge,[3]) erzielt aber damit nicht im Entferntesten das erhoffte Resultat; das Anbot Gibraltars macht in der unbestimmten Form, wie der Franzose es nur thun durfte, gar keinen Eindruck.[4]) Endlich wird den Gesandten die Entscheidung des Königs zu theil: er will auf Grund der gemachten Vorschläge in die Unterhandlungen eintreten, verlangt jedoch unbedingt das Besatzungsrecht in Parma, Piacenza und Toscana und die Behauptung der Insel Sardinien; der Herzog von Savoyen könne ja durch Finale entschädigt werden,

---

[1]) Nancré an den Herzog von Orléans, 28. März und 4. April 1718. M. A. E. — Alberoni nennt die vorgelegten Bedingungen informes, indigestes et scandaleuses.
[2]) St. Aignan an Huxelles, 18. April 1718. M. A. E.
[3]) Vomitò alla fine hieri il marchese di Nancré il digesto e indigesto delle sue commissioni . . . una proposizione tanta scandalosa . . . degna d'un Inglese. — Alberoni an Cellamare, 16. April 1718. M. A. E.
[4]) Nancré an den Herzog von Orléans, 26. April 1718. M. A. E.

das der Republik Genua abzulösen wäre. Schriftlich wiederholt dann Alberoni noch einmal, dass Spanien nie und nimmer Sardinien herausgeben würde. Die Gesandten berichten darüber eiligst an ihre Regierungen; während aber Nancré sofort dem Cardinal seine Zweifel an der Genehmigung dieser Bedingung ausdrückt, hofft Oberst Stanhope im Gegentheile, angesichts der geringen Bedeutung jener Insel würde das keine Schwierigkeiten machen.[1)]

Um die Aufrichtigkeit dieser letzten Erklärung Alberoni's zu prüfen, muss hier auf die spanisch-savoyischen Verhandlungen eingegangen werden, zuvor aber noch auf die Umtriebe Carl Amadeus' in Wien. Es ist bereits erwähnt worden, dass der König von Sicilien seit Jahresfrist sich bemühte, die Bestätigung seiner neuen Würde und Sicherung der eben erworbenen Provinzen vom Kaiser zu erhalten. Dieser war aber durchaus nicht geneigt, darauf einzugehen; der Wiener Hof hatte noch nicht vergessen, dass der Beistand Carl Amadeus' im Jahre 1703 mit grossen Opfern erkauft worden, dass schon nach drei Jahren der Herzog aber in das Lager des Gegners übergegangen war, dadurch damals der kaiserlichen Sache in Italien einen empfindlichen Stoss versetzt und für so viel Treulosigkeit im nächsten Friedensschlusse noch neue Vortheile errungen hatte. Es war der Turiner Regierung rasch klar geworden, dass ohne hohen Preis die Freundschaft des Kaisers nicht zu erkaufen sei, sie wusste bald, dass dieser in Sicilien bestehen müsse. Nicht wenig erschreckte sie daher die Nachricht von den Abmachungen Frankreichs mit England, welche die Insel gegen ein geringes Acquivalent zu verschenken drohten; die savoyischen Gesandten in Paris und London konnten schon Anfang 1718 die Richtigkeit jener Nachricht bestätigen. Carl Amadeus musste fürchten, durch die Mächte um die Vortheile zu kommen, welche sonst die Abtretung Siciliens an den Kaiser versprochen hätte. Er entschloss sich darum, rasch zu handeln, um vielleicht jenes englische Project noch zu verhindern; Hand in Hand ging damit sein Wunsch, für seinen Erben die Hand einer österreichischen Erzherzogin zu gewinnen. Die ersten Eröffnungen von seiner Seite geschahen im Februar in Wien; dem Kaiser wäre es nicht unlieb gewesen, wenn

---
[1)] Oberst Stanhope an Lord Stanhope, 27. April und 3. Mai 1718. R. O. — Nancré an den Regenten, 3. Mai 1718. M. A. E.

er Sicilien hätte erhalten können, ohne dafür andere Verpflichtungen gegen die Seemächte eingehen zu müssen; er nahm daher den Schritt Savoyens nicht ungünstig auf. Bald kam der Graf d'Ussol nach Wien, der sich zahlreiche Gönner zu verschaffen wusste;[1]) der Marchese Rialp in erster Reihe, auch Sinzendorf waren nicht abgeneigt, so auch der Beichtvater des Kaisers, P. Tönnemann; Prinz Eugen allein blieb unzugänglich. Diese Bemühungen wurden von St. Saphorin mit scheelen Augen angesehen; er berichtete in seiner Sorge darüber oft Uebertriebenes nach London.[2]) Im Mai endlich kam ein neuer Abgesandter aus Turin, der formelle Vorschläge überbrachte;[3]) für die Abtretung Siciliens forderte er nebst der Hand der Erzherzogin Maria Josepha noch kleinere Gebietsabtretungen in Oberitalien.[4]) Seine Mission wurde von den englischen Gesandten durchkreuzt. In einer Audienz verlangten sie vom Kaiser eine bestimmte Erklärung über die Heirat der Tochter weiland Kaiser Josephs; der Monarch konnte nicht anders, als ihnen versichern, dass er für seine Nichte einen Gemahl aussuchen wolle, welcher England und Frankreich keinen Anlass zur Besorgniss geben werde.[5]) Während Carl Amadeus auf solche Art um die kaiserliche Freundschaft sich bewarb, hatte er zu gleicher Zeit nicht verabsäumt, auch mit dem Gegner, mit Spanien, Verbindungen anzuknüpfen; er wollte sich damit für alle Eventualitäten sichern. Auf jene Briefe Alberoni's an Corder hin hatte Graf Lascaris den Befehl erhalten, sich unter dem Vorwande, kleine Streitigkeiten zwischen den Turiner und Madrider Höfen zu schlichten, in die spanische Hauptstadt zu begeben, um daselbst des Cardinals eigentliche Pläne zu erforschen.[6]) Er kam vierzehn Tage nach Nauceré hier an und hatte am 8. April seine erste Unterredung mit dem spanischen Minister. Unglücklicherweise für den Erfolg seiner Sendung war dieser von

---
[1]) Carutti, Storia della Diplomazia, III, 503—521.
[2]) St. Saphorin an Robethon, 26. und 30. März 1718. — St. Saphorin an Lord Stair, 5. April 1718. Han. A.
[3]) St. Saphorin an Lord Stanhope, 22. Mai; St. Saphorin an Robethon, 25. Mai 1718. Han. A.
[4]) Carutti, Storia della Diplomazia, III, 532 ff.
[5]) St. Saphorin an Robethon, 16. Mai 1718. Han. A.
[6]) Instruzione per il Conte Lascaris di Castellar, ed. Carutti, Academia di Torino, tomo XIX, serie II, 1861, pag. 111 ff.

den Gesandten der anderen Mächte bereits unterrichtet worden, dass Savoyen gleichzeitig in Wien Unterhandlungen angeknüpft habe; es musste ihnen viel daran gelegen sein, die Möglichkeit einer Verbindung Carl Amadeus' mit Philipp zu verhindern. Alberoni empfängt infolge dessen den Grafen Lascaris mit Misstrauen.¹) Die ersten Conferenzen verlaufen ohne praktisches Resultat; als ihm jener das Doppelspiel seines Königs vorhält, leugnet der Graf anfänglich etwas darüber zu wissen, gebraucht dann Ausflüchte, erzählt endlich, der Wiener Hof habe seinem Gebieter die Hand einer Erzherzogin für seinen Erben angeboten.²) In den Tagen, da die Entscheidung des Kaisers schon eingelangt war, Spanien sich aber noch nicht entschieden hatte, macht Lascaris besondere Anstrengungen, um Sicilien zu retten; er verlangt vom Cardinal die bestimmte Erklärung, dass der König von Spanien nie die Abtretung Siciliens an den Kaiser zugeben würde, was unbedingt abgelehnt wird.³) So weit waren die Verhandlungen gediehen, als Alberoni die bereits erwähnte Erklärung gibt, den Beitritt Spaniens zur Allianz betreffend. Während die Antworten darauf aus Paris und London abgewartet werden — aus ersterer Stadt kam rasch die Versicherung, es werde Alles versucht werden, um den spanischen Wünschen nachzukommen⁴) — vollendet der Cardinal die Ausrüstung der Flotte, macht kein Hehl aus der demnächst zu erwartenden Absendung derselben, lehnt das gewiss billige Verlangen Oberst Stanhope's ab, damit doch mindestens bis zum Eintreffen einer bestimmten Antwort aus London zu warten,⁵) und macht endlich auf erneutes Andringen Lascaris' demselben positive Vorschläge zu einer Offensiv-Allianz zwischen Spanien und Savoyen gegen den Kaiser. Als Ziel dieses Bündnisses stellt er die Erwerbung Mailands für Carl Amadeus, die von Neapel für seinen König hin; um aber den

---

¹) L' audata del ministro austriaco in Piemonte (Alberoni war da falsch berichtet) va consentanea alla venuta in Spagna del Conte Lascaris; e questo è il solito maneggio di quella corte avezza a riportarne vantaggio... essendo l' interesse legge inalterabile del procedere di quel governo... Alberoni an Cellamare, 11. April 1718. M. A. E.
²) Alberoni an Cellamare, 9. Mai 1718. M. A. E.
³) Relazione del Conte Lascaris, a. a. O., pag. 151.
⁴) Huxelles an Nancré, 10. Mai 1718. M. A. E.
⁵) Nancré an Huxelles, 16. Mai 1718. M. A. E.

Angriff auf Letzteres zu erleichtern, müsse zuerst Sicilien besetzt werden; er verlangt daher diese Insel zum Pfandbesitz; wenn die Eroberung Mailands gelingt, soll sie bei Spanien bleiben, sonst fällt sie an Savoyen zurück. Er fordert raschen Bescheid; um grösseren Eindruck auf Lascaris zu machen, entwickelt er ihm in wenig Worten ein Bild der europäischen Lage in den Farben, wie er es sah, dabei erwähnt er auch der Hoffnung, binnen Kurzem durch das Zusammentreten der französischen Generalstände den Herzog von Orléans stürzen zu können[1]) — es ist damit die Verschwörung des Fürsten Cellamare in Paris gemeint, welche am Ende dieses Jahres einen so kläglichen Ausgang nehmen sollte. Alberoni versuchte auf diese Weise ohne Blutvergiessen und ohne Mühe sich in den Besitz Siciliens zu setzen, was in der That unbedingt für eine militärische Operation gegen Neapel nothwendig war. Das waren die Absichten des Cardinals, während er dem französischen Botschafter von Frieden und Unterhandlungen redete.

Kehren wir nun zurück zu den weiteren Schicksalen des Stanhope'schen Projectes.

Nach der ersten Erklärung Sinzendorf's über die Annahme desselben von Seiten des Kaisers waren in den nächsten Tagen noch einige Conferenzen zwischen den kaiserlichen Ministern und den englischen Gesandten über formelle Fragen gefolgt. Darauf wurde der Entwurf ins Lateinische übersetzt; das nahm längere Zeit in Anspruch; als die Uebertragung endlich fertig geworden war, stellte es sich heraus, dass sie sachliche Aenderungen enthalte; diese mussten erst emendirt werden; dann blieb das Stück neuerlich liegen.[2]) Der Wiener Hof versuchte eben nochmals durch eine Verzögerung der Unterzeichnung auszuweichen; vielleicht, dass sich durch einen Angriff Spaniens die Lage doch zu Gunsten des Kaisers bessern konnte. Schon hatte England eine merkliche Aenderung in seiner Haltung vorgenommen; während es sich früher nicht zu einer entschiedenen Erklärung über die Hilfe herbeilassen wollte, welche es verpflichtet war dem Kaiser gegen Spanien zu leisten, hatte eine Provocation von Seiten des Letzteren dies ver-

---

[1]) Relazione del Conte Lascaris, a. a. O., pag. 165—167.
[2]) St. Saphorin und Schaub an Lord Stanhope, 22. Mai 1718. Han. A.

mocht. Montelcone hatte nämlich über Auftrag Alberoni's vom englischen Ministerium eine Aufklärung verlangt über die Zwecke der Rüstungen, welche in Grossbritannien gemacht wurden, die Absendung einer Flotte in das Mittelmeer hatte er als casus belli, als Bruch des Utrechter Friedens bezeichnet, welchen Spanien sofort mit der Confiscation der englischen Waaren daselbst beantworten würde.[1] Das durfte sich das englische Volk nicht bieten lassen; mit Leichtigkeit bewilligte das Parlament Geld zur Unterstützung des Kaisers und zu weiteren Rüstungen. Da St. Saphorin aus Wien gleichfalls zu einem energischen Schritte hindrängte,[2] so gaben am 14. April 1718 Stanhope und Sunderland Pendtenriedter die feierliche Zusage, eine Flotte in das mittelländische Meer zu schicken.[3]

Dann schien es infolge der gänzlichen Erschöpfung der Türkei, trotz aller spanischen und französischen Umtriebe, mit Hilfe der englischen Vermittlung doch zum Frieden zwischen Kaiser und der Pforte kommen zu wollen; Anfang Mai versammelten sich die betreffenden Vertreter der Mächte in Passarowitz. Endlich machten auch die savoyischen Anträge einen grossen Eindruck in Wien.

Aus allen diesen Ursachen gerieth das Friedenswerk hier in bedenkliche Stockung. Man fing an, in London und Paris darüber Besorgniss zu hegen; Schaub und St. Saphorin erhielten strenge Befehle, unablässig auf baldige Erledigung zu dringen; sie kamen diesen beim Kaiser und bei den Ministern mit grösster Gewissenhaftigkeit nach. Aber nicht früher, als bis Königsegg aus Paris von einer neuerlich schwankenden Haltung des Regenten, von zaghaftem Auftreten der englischen Minister, von grossen Umtrieben Spaniens in Holland berichtete,[4] wurde Schaub der übersetzte und corrigirte Entwurf zugestellt.

Anfangs Juni konnte er erst die Rückreise nach Paris antreten, wo er am 18. anlangte. Jene Besorgnisse wegen der Zögerung des Kaisers hatten aber den guten Erfolg gehabt, dass England jede weitere Concession an Spanien, also die Abtretung Sardiniens entschieden ablehnte. In Paris waren die französischen Minister gerne

---

[1] Berichte Pendtenriedter's aus London, 22. und 27. März 1718. W. S. A.
[2] St. Saphorin an Robethon, 6. April 1718. Han. A.
[3] Bericht Pendtenriedter's aus London, 15. April 1718. W. S. A.
[4] Bericht Königsegg's aus Paris, 27. Mai 1718. W. S. A.

dazu bereit gewesen[1]) und hatten auch den Regenten bald überredet; doch die englischen Staatsmänner fühlten, dass nichts mehr vom Kaiser verlangt werden dürfe, ohne das gute Resultat ihrer Bemühungen in Frage zu stellen. Die neuerliche Umstimmung des Herzogs von Orléans machte sich aber fühlbarer, als nun Schaub mit dem in Wien etwas veränderten Projecte eintraf; er folgte wieder ganz den Einflüsterungen von Huxelles und Torcy. Die spanische Forderung wegen Sardiniens abzulehnen, hatte er auf Andringen Englands nicht umhin gekonnt. Anders verhielt er sich aber gegen den Wunsch Alberoni's nach einer Besetzung von Parma und Toscana; es schien ihm dies eine gerechtfertigte Garantie zu sein. Nun fand er in dem von Wien gekommenen Entwurf eine Bestimmung, welche sich direct gegen eine solche Massregel richtete. Abgesehen davon, dass er unwichtigere Aenderungen des kaiserlichen Hofes wieder strich,[2]) bestand er entschieden auf den Garnisonen für die italienischen Fürstenthümer und verlangte noch dazu jetzt auch eine Verzichtleistung sämmtlicher Collateralen des Kaisers im Einzelnen und die sofortige Benennung eines Erben für Parma und Toscana, im Falle Spanien nicht beitreten sollte.[3]) Letztere zwei Forderungen zu beseitigen, gelang Lord Stair und Schaub nicht; bezüglich der Garnisonen konnten sie mit Mühe den Regenten zur Genehmigung des Vorschlages bewegen, dass neutrale Truppen, beispielsweise Schweizer, die Besatzungen bilden sollten.

Die beiden englischen Gesandten wurden überhaupt von Orléans, im Gegentheil zur früheren Anwesenheit Schaub's, äusserst kühl behandelt, er sprach sie nur im Beisein der französischen Minister.[4]) Die Gefahr lag nahe, dass der Regent jetzt absichtlich den Abschluss des Tractates verzögern wolle, um das Resultat der

---

[1]) Huxelles an Nancré, 3. Mai 1718. M. A. E.
[2]) Der Kaiser wollte sich beim Reiche nur bemühen, dass es Don Carlos mit Parma und Toscana belehne, anstatt ihm Solches zu verschaffen, wie das ursprüngliche Project verlangte; dann war der Passus ausgelassen worden, welcher von der Succession des savoyischen Königshauses auf den spanischen Thron handelte; endlich verlangte der Kaiser noch eine neue Renunciation von Ludwig XV. und dem Regenten auf Spanien. Memoiren von Bothmer, pag. 253—254.
[3]) Berichte Königsegg's aus Paris, 17. und 18. Juni 1718. W. S. A.
[4]) Memoiren von Bothmer, pag. 255.

Passarowitzer Conferenz und den Erfolg der spanischen Expedition abzuwarten.[1]) Cellamare hatte das Auslaufen der spanischen Flotte für den 15. Juni angekündigt. Die Berichte Schaub's verursachten in London die grösste Besorgniss; angeregt durch Dubois beschloss Lord Stanhope selbst nach Paris zu reisen, um dort den Regenten vom Einflusse der spanischen Partei, dem er wieder einmal verfallen schien, loszulösen und die Verhandlungen endlich zu Ende zu bringen. Vor seiner Abreise hielten die englischen Minister noch eine Besprechung, in welcher sie übereinkamen, das Project, wie es Schaub seinerzeit nach Wien gebracht hatte, zur Basis der Unterhandlung zu machen. Nur sollte, um dem Regenten möglichst entgegenzukommen, der Artikel über die Schweizer Garnisonen aufgenommen werden; bis die nöthige Anzahl Truppen von den eidgenössischen Cantonen angeworben werden könnte, wollte England eigene Soldaten zur Verfügung stellen. Die anderen, in Wien geschehenen Aenderungen wurden ebenso wie in Paris abgelehnt. Im Falle der Herzog von Orléans noch weitere Forderungen stellen sollte, kamen die Minister überein, dann die Verhandlungen desshalb nicht abzubrechen, aber sie nach Thunlichkeit abzulehnen.[2]) Am 25. Juni reiste Stanhope ab.

Die ablehnende Antwort der Mächte auf das von Alberoni gestellte Ultimatum war diesem am 29. Mai von Nancré übergeben worden; darauf erklärte er jede weitere Discussion für überflüssig; dasselbe that er wenige Tage später auch dem englischen Gesandten zu wissen. Er hielt unveränderlich an seiner Ansicht fest, dass er von den Seemächten keine Störung seiner Pläne zu fürchten habe;[3]) ja den Staaten hatte er neuerliche Anerbietungen zukommen lassen. Er glaubte auch nicht an den Erfolg der Passarowitzer Conferenz; unbehindert hoffte er wenigstens Neapel, Sardinien und Sicilien wieder zu gewinnen.[4]) Letzteres auf unblutige Weise durch einen Vertrag mit Carl Amadeus zu erhalten, gelang ihm nicht. In der Antwort auf seine Bündnissvorschläge lehnte der Turiner Hof eine

[1]) Bericht Königsegg's aus Paris, 26. Juni 1718. W. S. A.
[2]) Bericht Pendtenriedter's aus London, 28. Juni 1718. W. S. A.
[3]) Alberoni an den Herzog von Parma, Juni 1718.
[4]) Alberoni an Cellamare, 27. Juni 1718. M. A. E. — Oberst Stanhope an Craggs, 20. Juni und 16. Juli 1718. R. O.

solche Verpfändung der Insel entschieden ab, dagegen machte dieser andere Vorschläge, welche aber so exorbitant waren, dass jede Berathung derselben unnütz erschien. Alberoni lehnte darum eine weitere Verhandlung mit Lascaris kühl ab und liess dabei die Worte fallen, es sei zu spät.¹) In der That war die spanische Flotte schon auf hoher See; am 18. Juni war sie von Barcelona ausgelaufen und am 25. hatte sie in Cagliari angelegt.

Als Lord Stanhope am 29. Juni in der Hauptstadt Frankreichs anlangte, war hier schon bekannt geworden, dass die spanische Expedition den Hafen verlassen habe, ebenso aber war die Nachricht gekommen, dass die Verhandlungen zu Passarowitz für den Kaiser einen günstigen Verlauf genommen hatten, so dass der Friedensschluss nur mehr eine Frage von Tagen sei; überdies war man in Paris der festen Ueberzeugung, dass Savoyen im Bunde mit Spanien stehe. Die Folge hievon war, dass der Regent sich wieder für den Abschluss der Allianz mit dem Kaiser geneigt zeigte. Da hatte Lord Stanhope leichtes Spiel. Alle Einwendungen der französischen Minister fanden im Herzog von Orléans selbst den strengsten Kritiker. In mehreren vertraulichen Besprechungen, deren eine sogar um zwei Uhr Nachts im grössten Geheimnisse stattfand, einigte er sich mit dem englischen Minister auf das englische Project, wie es der Lord zuletzt mit seinen Collegen festgestellt hatte.²) Nur eine Schwierigkeit machte er geltend: wenn Frankreich und England sofort den Tractat unterzeichneten, so verpflichtete sie dies zu einem möglichen Kriege mit Spanien, während der Kaiser sich noch nicht gebunden hätte. Stanhope sah die Richtigkeit dieser Bemerkungen ein und schlug vor, sie sollten eine Separat-Convention schliessen, welche die Bestimmung enthielt, im Falle der Kaiser nicht binnen zwei Monaten der Allianz beitreten würde, so hielten sich die beiden Staaten aller Verbindlichkeiten gegen ihn für ledig.³) Darauf ging der Regent ein, und die geheime Convention wurde rasch unterzeichnet. Als man aber auch zur Unterzeichnung des Hauptvertrages schreiten wollte, wussten die französischen Minister noch im letzten Augenblicke Hindernisse zu machen. Huxelles blieb seiner Ueberzeugung

---
¹) Relazione del Conte Lascaris, pag. 181.
²) Berichte Pendtenriedter's aus Paris, 5. und 8. Juli 1718. W. S. A.
³) Lord Stanhope an Craggs, 1. Juli 1718. R. O.

von der Schädlichkeit dieser Allianz treu und weigerte sich, seine Unterschrift unter das Schriftstück zu setzen.

Der Regent war anfänglich darüber sehr bestürzt, fasste sich aber auf Zureden Stanhope's bald; er forderte Huxelles das Staatssiegel ab und beauftragte den Marquis de Cheverny mit der Unterzeichnung. Dieses energische Vorgehen verfehlte seinen Zweck nicht; der Marschall liess sich vom englischen Minister überreden, dem Wunsche des Herzogs zu willfahren.[1]) Doch noch einen Stein des Anstosses wusste er ausfindig zu machen: er erklärte, die geheimen Artikel nicht unterzeichnen zu können, wenn sie nicht dem Staatsrathe zuerst vorgelegt würden, er wolle sich keiner Verheimlichung schuldig machen. Man war nämlich übereingekommen, nur die Hauptartikel jener Versammlung vorzulegen, da sonst wieder Einrede und Aufschub zu fürchten waren. Abermals entstand über dieses neue Begehren grosse Aufregung im Palais Royal; abermals trat Stanhope helfend ein; er rieth nachzugeben und das ganze Project im Rathe einzubringen.[2]) Der Regent war zuerst über die Kühnheit dieses Vorschlages betroffen, liess sich aber bald dafür gewinnen. Zwei Tage lang wurden noch alle möglichen persönlichen Beeinflussungen und Ueberredungskünste bei den Staatsrätthen in Anwendung gebracht; die Folge war, dass der gesammte Conseil d'état das Allianzproject einmüthig annahm, sogar Huxelles mit Verleugnung seiner Vergangenheit sprach dafür. So konnte endlich am 18. Juli das denkwürdige Instrument unterzeichnet werden.[3])

Noch fehlte die Unterschrift des kaiserlichen Ministers; da Königsegg keine Vollmacht dazu besass, musste der Entwurf nach London gesandt werden. Hier war man den verschiedenen Phasen mit der grössten Aufregung gefolgt und athmete auf, als die Kunde vom Abschlusse am 21. Juli ankam; einen Tag darauf überbrachte der Legationssecretär Crawfurd die fertige Urkunde.

Vor Kurzem hatte Pendtenriedter aus Wien die kaiserlichen Entschlüsse über die letzten französischen Forderungen erhalten; in Erwägung der Umstände waren diese insgesammt genehmigt worden: die Schweizer Garnisonen, die Renunciation der Collateralen,

---

[1]) Lord Stanhope und Schaub an St. Saphorin, 15. Juli 1718. Han. A.
[2]) Lord Stanhope an Craggs, 16. Juli 1718. R. O.
) Memoiren von Rothmer, pag. 258—261.

die sofortige Bestimmung eines Prinzen für Parma und Toscana an Stelle Don Carlos'.¹) Um so angenehmer war daher der kaiserliche Gesandte überrascht, in der endgiltigen Pariser Fassung des Projectes die letzten zwei Punkte nicht vorzufinden. Doch waren immerhin wieder einige, wenn auch unbedeutende formelle Aenderungen gemacht worden; er erklärte deshalb zuerst nach Wien um neue Vollmacht schreiben zu müssen. Jedoch gedrängt durch die englischen Minister, durch Bothmer, Dubois, welche möglichst rasch die Sache erledigt wissen wollten, noch bevor der Kaiser Friede mit der Türkei geschlossen hätte, angeregt durch die Nachricht, dass die spanische Flotte auf Sicilien gelandet sei, entschloss er sich, auch ohne neuerlichen Auftrag seinen Namen unter den Entwurf zu setzen.²) Das geschah zu Cockpit am 2. August.

Zwei Wochen darauf traf erst aus Wien die verlangte Vollmacht ein.³) Damit war das grosse Werk beschlossen; Lord Stanhope hatte es trotz aller Fährlichkeiten glücklich durchgesetzt.

Noch fehlten bei dieser Quadrupel-Allianz die Generalstaaten, sie traten erst ein und ein halbes Jahr später bei; aber schon jetzt genügte die Allianz, um den kühnen Plänen der Königin von Spanien und ihres Ministers eine unüberwindliche Schranke zu setzen.

---

¹) Weisung an Pendteuriedter, 7. Juli 1718. W. S. A.
²) Bericht Pendtenriedter's aus London, 25. Juli 1718. W. S. A.
³) Protokoll der Conferenz-Sitzung vom 6. August 1718. W. S. A.

IV. Capitel.

Der Beitritt der Generalstaaten und Spaniens zur Quadrupel-Allianz.

Im Einklange mit der Erklärung der englischen Minister vom 14. April 1718 war mit grösster Emsigkeit an der Ausrüstung der für das Mittelmeer bestimmten Flotte gearbeitet worden, so dass sie endlich am 12. Juni unter dem Oberbefehle Admiral Byng's die Anker lichten konnte. Pendtenriedter hatte sein Möglichstes gethan, um die Abfahrt zu beschleunigen, vielleicht konnte der spanische Angriff dadurch verhindert werden. Minder glücklich war er aber in seinen Bemühungen, von Stanhope für den Admiral Instructionen zu erlangen, welche für alle Eventualitäten dienen konnten. Byng wurde lediglich zum Schutze der kaiserlichen Staaten abgesandt, nicht aber um aggressiv gegen Spanien vorzugehen. Er sollte, in den spanischen Gewässern angekommen, seine Ankunft und seine Aufträge dem Cardinal Alberoni anzeigen, dann die Fahrt nach Italien fortsetzen und sich hier mit den kaiserlichen Statthaltern in Neapel und Mailand in Contact setzen; wenn der gefürchtete spanische Angriff schon stattgefunden haben sollte, so war seine Mission eine rein vermittelnde, ja er konnte sogar seine Schiffe zur Zurückführung der spanischen Truppen verwenden, wenn das von Madrid aus verlangt wurde.[1]) Es lag eben durchaus nicht im Sinne Frankreichs und Englands, angriffsweise vorzugehen, die Quadrupel-Allianz sollte einen Krieg verhüten, nicht ihn entfachen. Sie liessen darum auch nicht ab von ihren Bemühungen, Spanien zur Nachgiebigkeit zu

---

[1]) Bericht Pendtenriedters aus London, 13. Juni 1718. W. S. A.

bewegen, und hofften bis zum letzten Augenblicke auf einen günstigen Erfolg. Selbst als die Nachricht eintraf von der Landung der spanischen Flotte auf Sicilien, von der Einnahme Palermos, von der Proclamirung Philipps zum Könige von Sicilien — nur drei Tage liegen zwischen diesen Ereignissen — selbst dann wurden die Mächte in ihrem Beschwichtigungswerke nicht wankend; im Gegentheile, Nancré erhielt die geheime Weisung aus Paris, Zahlung der Kosten der neuen Expedition anzubieten, wofern nur Spanien dieselbe rückgängig machen wollte.[1]) Die grösste Hoffnung aber wurde auf die Reise Lord Stanhope's nach Madrid gesetzt. Dieser Minister, nachdem er sich auf Dubois' Anregung entschlossen hatte, den Tractat beim Regenten durchzusetzen, wollte das Friedenswerk, das er so glücklich begonnen hatte, vollends zu Ende bringen und desshalb persönlich nach Spanien gehen. Der Regent war anfangs gegen diesen Plan, liess sich aber bald von den Vortheilen überzeugen, welche davon zu erhoffen waren.[2]) Dass diese weitgehende Nachgiebigkeit in Wien einen sehr üblen Eindruck machen musste, darüber setzte man sich in Paris leichten Herzens hinweg. Stanhope trat die Reise bald nach der Unterzeichnung der Quadrupel-Allianz an.

Von grosser Bedeutung war der spanische Angriff auf Sicilien für die Haltung Savoyens gewesen; Carl Amadeus war bis jetzt unsicher und zweideutig zwischen Kaiser und Spanien hin und her geschwankt; zur selben Zeit, da Lascaris die Vorschläge seines Königs in Madrid überbrachte, welche auf die Gewinnung Mailands hinzielten, hatte Fontana ein neues Project in Wien übergeben, wonach Savoyen das Vigevanasco und Lumellino abtreten, dafür aber Sicilien behalten sollte. Noch einmal versuchten die Turiner Staatsmänner diese reiche Insel zu retten. Dieser Vorschlag wurde vom kaiserlichen Hofe abgelehnt.[3]) Die Landung der spanischen Flotte in der Bucht von Solanta machte das Bündniss mit Anjou unmöglich. Carl Amadeus sah ein, dass Sicilien für ihn verloren sei; rasch entschlossen, warf er sich ganz in die Arme der Alliirten. Fontana bot in Wien eine Offensiv- und Defensiv-Allianz an und verlangte

---

[1]) Herzog von Orléans an Nancré, 26. Juli 1718. M. A. E.
[2]) Lord Stanhope an Craggs, 18. Juli 1718. R. O.
[3]) Protokoll der Conferenz-Sitzung vom 6. Juli 1718. W. S. A.

einen Pass für den neuen Gesandten, der sie abzuschliessen dahin kommen sollte; seine Bitte wurde gewährt;[1]) gleichzeitig erhoben die Gesandten in Paris[2]) und London[3]) Klage über den spanischen Ueberfall und forderten Hilfe. Man war an diesen beiden Höfen ziemlich erstaunt darüber, denn es war hier wie dort zur Ueberzeugung geworden, dass Savoyen der Mitschuldige Spaniens sei. Als aber nun zur selben Zeit Cellamare auf Befehl Alberoni's in Paris ein Manifest veröffentlichte, in welchem die Versuche Lascaris', ein Bündniss mit Spanien zu schliessen, und seine diesbezüglichen Anträge rückhaltslos aufgedeckt wurden,[4]) da ward es klar, dass Savoyen wohl ein Doppelspiel gespielt, es aber verloren habe. Der Herzog von Orléans traf das Richtige, wenn er sagte, Spanien und Savoyen hätten sich gegenseitig zu übervortheilen gesucht, Alberoni aber sich als Meister darin gezeigt.[5]) Der Nothschrei der savoyischen Gesandten wurde auch sehr kühl aufgenommen, sie wurden lediglich aufgefordert, die grosse Allianz mitzuunterzeichnen; dass man ihnen auf jeden Fall beistehen wolle, blieb geheim.[6])

Sehr nachdenklich hatte in London die Nachricht von der Einnahme Palermos gestimmt; etwas Anderes war es, Sicilien dem Herzoge von Savoyen abzunehmen, etwas Anderes, es dem Könige von Spanien zu entreissen. Es griff unter den englischen Staatsmännern eine gewisse Verlegenheit Platz; sie fühlten, es müsse etwas Entscheidendes geschehen, um dem Beginnen Alberoni's Einhalt zu thun, um das ungestüme Drängen Pendtenriedter's zu befriedigen, der unaufhörlich energische Befehle an Byng forderte. Dazu war der Kaiser jetzt durch den Abschluss des Friedens von Passarowitz zu einem werthvollen Freunde geworden, dessen Wünsche Achtung verlangten. Trotzdem liessen die englischen Minister aber nur an den Befehlshaber der Flotte die Weisung ergehen, im Mittelmeer zu überwintern; mehr wollten sie nicht thun, angeblich um die Sicherheit ihres Collegen Stanhope nicht zu gefährden, welcher noch

---

[1]) Protokoll der Conferenz-Sitzung vom 22. Juli 1718. W. S. A.
[2]) Bericht Königsegg's aus Paris, 27. Juli 1718. W. S. A.
[3]) Bericht Pendtenriedter's aus London, 25. Juli 1718. W. S. A.
[4]) Memorie di Cellamare, fol. 120.
[5]) Bericht Pendtenriedter's aus London, 25. Juli 1718. W. S. A.
[6]) Lord Stair an Craggs, 3. August 1718. R. O.

in Spanien weilte.¹) Ohne ihr Zuthun fiel im Süden die Entscheidung. Byng hatte getreu seinen Instructionen alsbald in Madrid seine Ankunft und seine Aufträge angezeigt, aber die hochmüthige Antwort erhalten, er möge seine Pflicht thun.²) Bald darauf stiess er auf die spanische Flotte; er hielt es für gerathen, den Kampf anzunehmen, welchen ihm der ungestüme feindliche Admiral, entgegen seinen Befehlen, anbot. Am Cap Passaro, am 11. August, wurde die spanische Seemacht von einer furchtbaren Niederlage heimgesucht, in alle Winde die wenigen Fahrzeuge verstreut, die nicht in englische Hände fielen.

Während so auf offenem Meere Alberoni's stolze Pläne die erste Niederlage erlitten, hatte Stanhope seine Reise fortgesetzt; in Bayonne angekommen, fand er den Pass vor, welchen Alberoni ihm erst auf das heftigste Andringen Nancré's und des Obersten Stanhope nach fünftägigem Zaudern ausgestellt hatte; er erwartete nichts von dem persönlichen Erscheinen des englischen Ministers.³) Dieser traf am 12. August in Madrid ein und — da der Hof im Escurial sich aufhielt — zwei Tage später in Fresnada in kurzer Entfernung vom königlichen Schlosse. Gleich nach seiner Ankunft hatte er eine mehrstündige Unterredung mit dem Cardinale; ohne Erfolg. Stanhope erschöpfte seine ganze Beredsamkeit, um den Widersacher von den Vortheilen des vorgeschlagenen Friedens zu überzeugen; er erneute das Anbot Gibraltars, ebenso die Versicherung, der Königin die Regentschaft zu verschaffen im Falle des Todes ihres Gemals.⁴) Umsonst; der Cardinal blieb gegen seine Gewohnheit sehr freundlich und ruhig; er überraschte den Engländer mit der Versicherung, er persönlich sei immer für den Frieden gewesen und werde es immer sein, denn das Land brauche Ruhe, und wenn es sich ausdehnen wolle, sei dazu Afrika günstiger als Italien; aber der König wünsche den Krieg. Auch über die Anwesenheit der englischen Flotte sprach er sich geringschätzend aus.⁵) Tags darauf

---

¹) Berichte Pendtenriedter's aus London, 25. Juli und 9. August 1718. W. S. A.

²) San Phelipe, Comentarios, II, 241.

³) Nancré an den Herzog von Orléans, 1. August 1718. M. A. E.

⁴) Nancré an den Herzog von Orléans, 15. August 1718. M. A. E.

⁵) Lord Stanhope an Craggs, 15. August 1718. R. O. Bezeichnend ist da eine Stelle aus dem Schreiben des Oberst Stanhope an Craggs vom

übergaben Stanhope und Nancré dem Cardinale ein Exemplar einer in Paris mit dem Regenten abgeschlossenen Convention; in derselben war die Solidarität der Mächte betont, welche die Quadrupel-Allianz unterzeichnet hatten, dem König von Spanien eine dreimonatliche Frist zum Beitritte gewährt, binnen welcher er nicht angegriffen werden dürfe, dann aber mit der Kriegserklärung gedroht. Als hierauf am 18. August der Cardinal die fremden Gesandten bei Tische unterhielt, schöpfte Stanhope aus seinen Reden neue Hoffnung; doch während der Mahlzeit kam die Nachricht von der Einnahme Messinas, und dieser Umstand veränderte die Sprache Alberoni's vollständig. Auch der König, welcher den Minister darauf in Audienz empfing, wiederholte nur die ablehnenden Worte des Cardinals. Und dabei blieb es. Trotz aller Vernunftgründe Stanhope's, trotzdem er die Nachricht mittheilen konnte, der Kaiser habe auch schon unterzeichnet, blieb sein Eingreifen ohne Erfolg. Unverrichteter Sache verliess er am 26. Madrid, um die Heimreise anzutreten.[1]) Er schied jedoch im Glauben, dass Alberoni sehr friedlich gesinnt sei und nur dem Wunsche der Majestäten folgend, den Krieg begonnen habe.[2])

Im Laufe des August hatte sich der Turiner Hof entschlossen, seinen Beitritt zur Quadrupel-Allianz zu erklären und den nach Wien bestimmten Gesandten mit grossen Vollmachten auszurüsten; er hatte mehr und mehr gefürchtet, dass Savoyen ganz allein die Kosten des Krieges werde tragen müssen: von Spanien waren direct in Wien Vorschläge gemacht worden, wonach der Kaiser Sicilien, Spanien aber Sardinien behalten, und an Carl Amadeus nur das Finalische als Entschädigung fallen sollte.[3]) In Frankreich war dieses Project mit grosser Freude begrüsst worden;[4]) deshalb suchte der Graf Provana vor Allem die französische Regierung für Savoyen

---

13. November 1718: he (Alberoni) could not deny, when I press'd to him my having often acquainted them with Sir G. Byng's Instructions, he said notwithstanding what was told them, they would never believe he was to put those orders in execution and particularly, at the same time that Mylord Stanhope was come into this Country to treat of Peace. R. O.

[1]) Lord Stanhope an Craggs, 22. und 26. August 1718. R. O.
[2]) Lord Stanhope an Lord Stair, 2. September 1718. R. O.
[3]) Weisung an Pendtenriedter, 7. Juli 1718. W. S. A.
[4]) Bericht Königsegg's aus Paris, 1. August 1718. W. S. A.

günstiger zu stimmen; er schlug eine Heirat des Erbprinzen mit Mademoiselle de Valois, einer Tochter des Herzogs von Orléans, vor, was dieser nicht ungern anhörte.[1])
Von hier reiste der Gesandte dann nach London und gab da dieselben Erklärungen ab über die Bereitwilligkeit Savoyens der Allianz beizutreten, klagte aber zugleich über die Härte einiger Bestimmungen derselben, so namentlich über das Rückfallsrecht Sardiniens an Spanien.[2]) Er erhielt jedoch wenig Hoffnung auf eine Aenderung.

Am 30. August war die Nachricht von dem englischen Seesiege nach Paris gekommen. Hier erregte sie je nach der Parteistellung grosse Freude oder grosse Bestürzung; sie wurde sofort an Nancré weiterbefördert und dieser konnte sie am 6. September — als der Erste — dem Cardinal mittheilen;[3]) dieser beherrschte sich wohl in Gegenwart des fremden Diplomaten, gab dann aber den Ausbrüchen eines ohnmächtigen Zornes Raum. Durch Trommelschlag liess er in Madrid verkünden: Niemand dürfe über die Hiobspost reden. Bitter tadelte er den Leichtsinn des spanischen Admirals, welcher so voreilig in den Kampf gegangen war.[4]) Ein harter Schlag war es in der That für Alberoni. Bisher war ihm Alles nach Wunsch gegangen; er hatte mit den Mächten gespielt wie mit Karten; die spanischen Truppen schienen mühelos, wie im Vorjahre Sardinien, jetzt Sicilien einnehmen zu wollen. Von der grossen Nachgiebigkeit Englands und Frankreichs getäuscht, hatte er von dieser Seite kein Hinderniss für seine Pläne befürchtet; nun war die junge, mit grossen Opfern ausgerüstete Flotte vernichtet, die Armee von der Heimat abgeschnitten, und was noch mehr war, er musste jetzt fürchten, dass er stets die Engländer auf seinen Wegen finden werde.

Doch nicht lange gab er der Niedergeschlagenheit Raum: ein Anbot, welches Nancré kurz darauf machte — gewiss ohne englisches Vorwissen und im Vertrauen darauf, nach der Niederlage werde Alberoni mit Freuden die gebotene Hand zur Versöhnung er-

---

[1]) Lord Stair an Craggs, 11. August 1718. R. O.
[2]) Bericht Pendtenriedters aus London, 23. August 1718. W. S. A.
[3]) Nancré an Huxelles, 6. September 1718. M. A. E.
[4]) Alberoni an Cellamare, September 1718. M. A. E.

greifen — zu Gibraltar noch Port Mahon hinzuzufügen,[1]) täuschte ihn wiederum über die wahren Pläne der Verbündeten; er hoffte noch auf Russland und Schweden,[2]) auf Unruhen in Frankreich und England; noch waren auch die Hilfsquellen Amerikas nicht versiegt: eine reichbeladene Silberflotte war jüngst angekommen. So ging er mit ungebrochenem Muthe an die Ausbesserung der Schäden; schon zwei Wochen, nachdem ihn jene Trauerbotschaft getroffen hatte, schrieb er, nächstes Frühjahr hoffe er eine neue Flotte in See zu haben.[3])

Auf der Rückreise von Madrid nach London hatte sich Lord Stanhope in Paris aufgehalten; mit ihm war da der Kriegsplan gegen Spanien festgestellt und neue Instructionen für Byng ausgearbeitet worden. Auf zwei Dinge wollte man zuerst achten: Sicilien von Spanien zu isoliren und Sardinien wieder zu erobern.[4]) Noch auf eine andere wichtige Massregel nahm er Einfluss: die Macht der Huxelles, Torcy, Villars, die nach den Traditionen der Politik Ludwigs XIV. stets für eine Vereinigung mit Spanien gearbeitet und dem Werke des englischen Ministers so viele Schwierigkeiten als möglich in den Weg gelegt hatten, diese Macht musste endgiltig gebrochen, dem schwankenden Willen des Regenten eine starke Stütze gegeben werden; diese bot sich von selbst, es war der Abbé Dubois. Am 24. September hob der Regent die seinerzeit von ihm geschaffenen Conseils auf und stellte die frühere Einrichtung der Ministerien wieder her; das der auswärtigen Angelegenheiten wurde Dubois übertragen.[5]) Damit trat ein Mann an die Spitze der Geschäfte in Frankreich, welcher, unleugbar mit scharfem Verstande und grossen Talenten ausgestattet, doch nur von eigennützigen Motiven sich leiten liess und diese auch auf das Gebiet der grossen Politik übertrug. Hatte er in den zwei Jahren, welche seit seiner Sendung nach Holland zu Stanhope verflossen waren, dem persönlichen Interesse des Herzogs von Orléans, sich als Regent zu behaupten und vielleicht

---

[1]) Alberoni an Cellamare, 12. September 1718. M. A. E.
[2]) Memorie di Cellamare, fol. 178 v.
[3]) Alberoni an Cellamare, 19. September 1718. M. A. E.
[4]) Bericht Königsegg's aus Paris, 17. September 1718. W. S. A. — Lord Stanhope an Sir Byng, 19. September 1718. R. O.
[5]) Berichte Königsegg's aus Paris, 25. und 29. September 1718. W. S. A.

die Krone zu erlangen, treu und klug gedient, so that er es, weil nur sein ehemaliger Zögling am Hofe ihn hielt und halten konnte. Dubois war einer der bestgehasstesten Menschen aller Zeiten. Von nun an aber ist sein ganzes Streben und Handeln, infolge dessen auch die französische auswärtige Politik, nur darauf gerichtet, seinen grossen Vorgängern Richelieu und Mazarin, seinem Rivalen in Madrid, gleichzukommen: Cardinal zu werden. So kam es, dass Frankreich in Verbindung mit seinen natürlichen Feinden trat, mit dem Kaiser und England, welche Beide ihm den Weg zur naturgemässen Ausdehnung nach Norden hin verlegten und seine heftigsten Nebenbuhler auf dem Meere waren; so kam es, dass es die Waffen ergriff gegen einen verwandten König und ein verwandtes Volk, und die Frucht der Regierung Ludwigs XIV. vernichtete.[1])

In Wien war man sonder Verzug daran gegangen, der übernommenen Verpflichtung getreu die Renunciationsurkunde auf Spanien auszustellen. Man that es in doppelter Form: in einem Exemplare wurde Philipp König von Spanien genannt, im andern nur Herzog von Anjou; der Kaiser selbst legte sich jedoch stets den Titel eines Königs von Spanien bei.[2]) Dies sowie zwei andere Sätze in dem betreffenden Entwurfe erregten in Paris und London unangenehmes Aufsehen, ja der Regent weigerte sich infolge dessen, die Auswechslung der Ratificationen vorzunehmen; der festgesetzte Termin, der 2. October, verstrich.[3]) Es gelang wohl den Bemühungen der Engländer in der Titelfrage einen Ausweg zu finden — allein der Regent erklärte trotzdem eine solche Renunciation für ungenügend. Ueber diese unerwartete Verzögerung war man in London sehr ungehalten; es standen in Spanien Gewaltmassregeln gegen das Vermögen der dortigen englischen Kaufleute zu erwarten,[4]) und Frankreich hatte noch

---

[1]) Dubois' Politik lässt sich aus den hier angeführten Ursachen erklären; es ist nicht nothwendig anzunehmen, dass er vom englischen Hofe mit Gold gewonnen war, wie es eben erst Paul de Raynal, le Mariage d'un Roi, pag. 12, Paris 1887, wieder thut.

[2]) Protokoll der Conferenz-Sitzung vom 22. August 1718. W. S. A.

[3]) Es geschah bei Aufzählung der verzichtleistenden Personen der Josephinischen Erzherzoginnen keine Erwähnung; und es wurde ausdrücklich bemerkt, dass neben dem in Frankreich regierenden Hause auch die Familien Condé und Conti vom spanischen Throne ausgeschlossen seien. — Bericht Pendtenriedter's aus London, 4. October 1718. W. S. A.

[4]) Bericht Pendtenriedter's aus London, 7. October 1818. W. S. A.

nicht die bindende Erklärung abgegeben, dass es, im Falle England dann an Anjou den Krieg erklärte, dasselbe thun wollte. Andererseits musste gerade jetzt auch der Kaiser geschont werden, denn auf Andringen St. Saphorin's waren in Innsbruck die Braut Jakob Stuart's und ihre Mutter gefangen genommen worden.[1]) Die Gewandtheit Stanhope's fand auch hier einen Ausweg: mit seinem neuen Collegen Craggs zusammen unterzeichnete er eine Declaration, worin sich die englischen Minister verpflichteten, binnen zwei Monaten dem Regenten die kaiserliche Renunciation in der von ihm gewünschten Form zu verschaffen.[2]) In der That bewilligte die geheime Conferenz vier Wochen später sämmtliche von Frankreich verlangte Aeuderungen.[3]) Auf jene Erklärung hin wechselten England und Frankreich am 25. October die Ratificationen der Quadrupel-Allianz aus und die französische Regierung liess in Madrid mittheilen, dass sie eine Beschlagnahme des Vermögens englischer Kaufleute in Spanien, als dem Utrechter Frieden entgegenlaufend, gleich einem casus belli betrachten würde.[4]) Als St. Aignon dieser Weisung nachkam, war dieser Fall schon eingetreten. Der Marquis von Nancré hatte kurz vorher, am 3. November, die spanische Hauptstadt verlassen; er hatte sich nach Lord Stanhope's Abreise noch zwei Monate lang von Alberoni mit allerlei schönen Redensarten hinhalten lassen, zweimal schon war der Tag seiner Abfahrt festgesetzt worden und jedesmal wusste ihn der Cardinal durch täuschende Hoffnungen wieder festzuhalten;[5]) bald verlangte dieser eine Sicherstellung für Gibraltar,[6]) bald frug er bei Nancré an, ob er Vollmacht habe, um einen zweimonatlichen Waffenstillstand abzuschliessen.[7]) Mittlerweile nahte der Termin, bis zu welchem Spanien Zeit gelassen worden war, der Allianz beizutreten; es schien als sollte er unbenützt verstreichen. Das erregte in Wien grosse

---

[1]) Siehe darüber den Aufsatz von Reinhold Pauli: Stuart und Sobieski, Sybel's Hist. Zeitschrift, Bd. 46, p. 254 ff.
[2]) Bericht Königsegg's aus Paris, 30. October 1718. W. S. A. — Rohethon an St. Saphorin, 25. October 5. November 1718. Han. A.
[3]) Protokoll der Conferenz-Sitzung vom 23. November 1718. W. S. A.
[4]) Dubois an Lord Stair, 5. October 1718. W. S. A.
[5]) Oberst Stanhope an Lord Stair, 5. October 1718. R. O.
[6]) Nancré an den Herzog von Orléans, 5. October 1718. M. A. E.
[7]) Nancré an den Herzog von Orléans, 21. October 1718. M. A. E.

Freude, man hoffte sich hier in der Rechnung nicht geirrt zu haben, dass Spanien selbst die Bestimmungen der Quadrupel-Allianz über Parma und Toscana illusorisch machen werde. Die kaiserlichen Minister gingen daran, für die italienischen Fürstenthümer neue Besitzer zu suchen; als oberster Grundsatz wurde hiebei aufgestellt: der Kaiser verlangt nichts für sich, aber es darf auch kein Mitglied des Hauses Bourbon betheilt werden. Die geheime Conferenz traf folgende Verfügung: Den Haupttheil Toscanas bekommt Lothringen als Entschädigung für Montferrat; der kleinere Theil mit Pisa fällt an Modena; Parma könne dem Herzoge von Guastalla gegeben werden, obwohl der Kaiser es am liebsten sehen würde, wenn Don Antonio, der Bruder des regierenden Herzogs, noch heiraten und das Geschlecht fortpflanzen würde.[1]

Gleichfalls von dem Gedanken ausgehend, dass Spanien sein Recht auf jene Provinzen verwirken würde, die Mächte über sie daher frei verfügen könnten, übergab der neue Gesandte Savoyens in Wien, Marquis von Santommaso, ein ausführliches Project: sein Herzog soll Parma sogleich und die Anwartschaft auf Toscana erhalten; Francesco Farnese kann durch Sardinien für die Abtretung seines Landes entschädigt werden; nach dessen Tode müsste die Insel an Spanien zurückfallen; Carl Amadeus nimmt den Titel eines Königs von Ligurien an, sein Sohn bekommt die Hand einer Erzherzogin, der Kaiser aber Sicilien.[2]

Jene kaiserlichen Vorschläge waren in Paris und London mit grosser Verlegenheit aufgenommen worden; sie waren vollständig berechtigt und den Bestimmungen der Quadrupel-Allianz entsprechend, aber man wollte einerseits noch immer nicht die Hoffnung auf Gewinnung Spaniens aufgeben,[3] andererseits den kaiserlichen Einfluss in Italien nicht steigern, wie es durch Betheiligung Lothringens, das Oesterreich unbedingt ergeben war, mit Toscana geschehen wäre. Man liess sich daher vorläufig darüber in gar keine Discussion ein und betonte nur, dass man sich bezüglich des Beitrittes

---

[1] St. Saphorin an Robethon, 4. October 1718. Han. A.
[2] Carutti, Storia della Diplomazia III, 547—548.
[3] Bericht Königsegg's aus Paris, 19. October 1718. — Bericht Pendtenriedter's aus London, 28. October 1718. W. S. A.

Spaniens nicht an einen Tag halten könne.¹) Die stille Hoffnung, dass doch noch durch Cession Sardiniens an Anjou der Friede gerettet werden könnte,²) wurde in diesen Tagen durch die Erklärung Carl Amadeus' vernichtet, sich unbedingt den anderen Mächten anschliessen zu wollen. Vergeblich hatte er sich bemüht, bessere Bedingungen zu erhalten; jene Vorschläge Santommaso's hatten in Wien gar keinen Anklang gefunden; so blieb ihm kein anderer Ausweg übrig. Am 8. November unterzeichneten seine Minister die Quadrupel-Allianz in London. Die Forderung Pendtenriedter's, Savoyen solle zuerst die festen Plätze Siciliens den kaiserlichen Truppen einräumen, war von den Engländern entschieden abgelehnt worden.³)

Im Zusammenhange soll hier die bisherige Haltung der Generalstaaten zur grossen Allianz betrachtet werden. Gewiss, dass infolge der vielen Köpfe, welche bei den staatischen Entschliessungen etwas zu sagen hatten, ein Geheimniss schwer bewahrt werden und die Verhandlungen durch die Oeffentlichkeit neue Hindernisse finden würden, waren die Staaten die längste Zeit in Unkenntniss über den Inhalt des Tractates gelassen worden. Ja, als Huxelles, um den Verbündeten einen bösen Streich zu spielen, dem Gesandten im Haag, Chateauneuf, welcher zu seiner Partei gehörte, im Monate April 1718 den Auftrag gab, den ganzen Plan dort bekanntzugeben, wussten Cadogan und Withworth, die englischen Geschäftsträger, zu verhindern, dass auch die Separatartikel kundgemacht wurden.⁴) Chateauneuf wurde darauf abberufen und durch Morville, einen jungen, Dubois ganz ergebenen Diplomaten ersetzt. So waren wenigstens von dieser Seite keine Intriguen mehr zu fürchten. Wie erwartet, stiessen schon die ersten Verhandlungen auf die grössten Schwierigkeiten; besonders die Provinz Holland und die Stadt Amsterdam, welche für ihren Handel mit Spanien fürchteten, weigerten sich, gegen dasselbe aufzutreten. Nicht mit Unrecht: sie hatten gar keinen Grund zur Feindschaft mit Anjou und sollten eben nur in den Conflict verwickelt werden, um nicht im Falle eines Krieges

---

¹) Robethon an St. Saphorin, 1. 12. November 1718. Han. A.
²) Lord Stair an Craggs, 24. October 1718. R. O.
³) Bericht Pendtenriedter's aus London, 14. November 1718. W. S. A.
⁴) Bericht Pendtenriedter's aus London, 26. April 1718. W. S. A.

als einzig neutrale Macht alle Handelsvortheile an sich zu reissen. Ueberdies schmeichelte Alberoni ihnen über die Massen, und Beretti Landi that, was er konnte, um die Missstimmung gegen die Allianz zu steigern.[1]) England und Frankreich sahen sich genöthigt, das grösste Entgegenkommen an den Tag zu legen; sie gestanden den Generalstaaten zu, dass der Krieg keine Bürde für sie werden solle. Endlich gelang es, sie so weit zu bringen, dass sie im Principe erklärten, der Allianz beitreten zu wollen, aber unter folgenden Bedingungen: zuerst muss der neue Barrière-Tractat mit dem Kaiser geschlossen werden; die Hilfeleistung im Kriegsfalle wird auf die Hälfte herabgesetzt; sie darf überdies nur in Europa verwendet werden und die holländischen Handelsschiffe müssen auf allen Meeren geschützt werden.[2]) Alles wurde zugestanden, nur die letzte Bedingung nicht, da diese auch auf den nordischen Krieg Bezug nahm.[3]) Trotz aller Bemühungen Lord Cadogan's, der reich mit Gold ausgestattet worden war, um durch Bestechung dort zu wirken, wo Ueberredung nichts fruchtete,[4]) und des Marquis de Prié, welcher im Hang dem alten schwerfälligen Heems zu Hilfe kam, wurde im Laufe dieses Jahres nicht mehr erreicht, als dass am 22. December zwischen den Staaten und dem Kaiser ein Ausgleich in der Barrière-Sache zu Stande kam.

Auf allen Seiten wurde zum Kriege gerüstet, der im kommenden Jahre drohte, denn die spanische Regierung blieb auf ihrem Standpunkte stehen und liess ungerührt die fremden Gesandten ziehen.[5]) Zuerst Nancré, welcher Alberoni mit der festen Ueberzeugung verliess, es sei nicht dessen Schuld, wenn die Mission, welche ihn nach Madrid gebracht hatte, gescheitert war;[6]) dann Oberst Stanhope, endlich Lascaris. Auch die spanischen Gesandten im

---

[1]) Bericht Heems' aus dem Haag, 6. Mai 1718. W. S. A.
[2]) Bericht Heems' aus dem Haag, 20. September 1718. W. S. A.
[3]) Bericht Heems' aus dem Haag, 4. October 1718. W. S. A.
[4]) Bericht Pendtenriedter's aus London, 18. November 1718. W. S. A.
[5]) Ha detto e protestato (Philipp V.) volere perire più tosto che ricevere volontariamente una legge tanto indecorosa e perniciosa al mondo, quando considera che il ministero di Londra composto di quattro Birbanti ponsi potere tagliare il mondo in pezzi e bocconi o distribuirlo a sua fantasia. Alberoni an Cellamare, 7. November 1718. M. A. E.
[6]) Lord Stair an Craggs, 8. November 1718. R. O.

Auslande kehrten heim, Monteleone aus London, Villa Mayor aus Turin; nur Cellamare sollte auf unfreiwillige Art seinen Posten verlassen. Er hatte sich im Auftrage Alberoni's in Paris mit vielen Missvergnügten und dem Herzoge von Orléans feindlich Gesinnten in eine Verschwörung eingelassen; an ihrer Spitze standen der Herzog von Maine, welchen der Umsturz des Testamentes Ludwigs XIV. am meisten geschädigt hatte, und seine energische Gemahlin. Ihr Ziel war, den Regenten durch Einberufung der Generalräthe zu stürzen. Lange schon wusste man im Palais Royal von diesen Absichten, Dubois hatte von London aus Nachricht darüber geschickt; man wiegte aber die Verschworenen in Sicherheit ein und hob sie erst im December dieses Jahres mit einem Schlage auf; der spanische Botschafter wurde über die Grenze gebracht, die fürstlichen Theilnehmer traf gelinde Strafe.[1]) Trotz alledem herrschte zwischen Frankreich und Spanien noch eine gewisse Rücksichtnahme; so hatte Alberoni, als er das Vermögen der englischen Kaufleute confisciren liess, gleichzeitig erklärt, dass die französischen nach wie vor unbehelligt Handel treiben könnten.[2]) Ja der Regent und Dubois hätten am Liebsten jetzt noch den Krieg vermieden. Dem Andringen Englands, für welches der Kampf unvermeidlich geworden war, konnten sie aber nicht lange widerstehen; der Herzog gab endlich die Erklärung ab, er würde vierzehn Tage nach England auch seinerseits an Spanien den Krieg erklären.[3]) So wurde am 28. December 1718 in London unter Trompetenschall von den Wappenherolden die Kriegserklärung gegen Anjou ausgerufen; am 9. Januar 1719 folgte dann Frankreich. Zu gleicher Zeit liess Dubois ein Manifest veröffentlichen, in welchem er die Gründe auseinandersetzte, weshalb der Krieg begonnen werde; er schilderte, wie wenig Ursache dazu Spanien habe, mit welchen grossen Anerbieten diesem Reiche die Mächte entgegengekommen seien; die Abtretung Gibraltars wird da mit englischer Genehmigung[4]) in helles Licht gesetzt. Nur gegen Alberoni führe der Regent die Waffen, nicht gegen das spa-

---

[1]) Siehe Lemontey, Histoire de la Régence, und Vatout, Histoire de la Conspiration de Cellamare, Paris 1832.
[2]) Oberst Stanhope an Craggs, 13. November 1718. R. O.
[3]) Lord Stair an Craggs, 5. December 1718. W. S. A.
[4]) Lord Stanhope an Dubois, 20./31. December 1718. Lemontey II, 396.

nische Volk.¹) Dieser klug von Dubois ersonnene Ausweg wurde bald zur Losung für die englischen und französischen Diplomaten: fort mit Alberoni, hiess es; so lange dieser Mann am Ruder bleibt, ist kein Friede möglich.²) Dabei spielte wohl auch persönliche Erbitterung mit, darüber, dass er Staatsmänner, wie Stanhope, so gründlich getäuscht hatte.

Das Jahr 1719 ist reich an Verhandlungen über den Beitritt der Generalstaaten. Der Abschluss des Barrière-Vertrages hatte nicht die erhoffte Wirkung gehabt; im Gegentheil, es wurde im Haag die Forderung laut nach einer neuen dreimonatlichen Frist, binnen welcher die für Spanien vortheilhaften Bestimmungen der Quadrupel-Allianz in Kraft bleiben sollten.³) Umsonst protestirten Pendtenriedter⁴) und Königsegg⁵) dagegen; sie fanden kein Gehör bei Dubois und Stanhope, denen es ganz recht war, dass auf diese Weise die Expectativen für Parma und Toscana nicht anderweitig vergeben zu werden brauchten. Der Kaiser hätte gerne auf die Mitwirkung der Staaten ganz verzichtet, davon wollten aber jene Staatsmänner nichts wissen; sie gestanden dem kaiserlichen Gesandten in London ganz offen den einen Grund ein: des Handels wegen dürfe Holland nicht neutral bleiben; den andern verschwiegen sie aber wohlweislich, nämlich, dass eine abermalige Verlängerung des Termines für den Beitritt Spaniens ihren Plänen vollkommen entspreche.⁶) Aber auch die Bestätigung der articuli secreti wollten die Staaten umgehen;⁷) in diesem Punkte fanden sie allerdings alle Mächte gegen sich. Schweren Herzens willigte der Kaiser ein, noch drei weitere Monate mit der neuen Vergebung der italienischen Fürstenthümer zu warten;⁸) um aber gegen eine nochmalige derartige Forderung gesichert zu sein, verlangte er, Frankreich und England sollten einen Revers unterzeichnen, worin sie dafür bürgten, dass diese Fristerstreckung die letzte sein werde, welche man Philipp

---

¹) Bericht Königsegg's aus Paris, 8. Januar 1719. W. S. A.
²) Robethon an St. Saphorin, 17./28. Januar 1719. Han. A.
³) Lord Stanhope an St. Saphorin, 4./15. Februar 1719. Han. A.
⁴) Bericht Pendtenriedter's aus London, 14. Februar 1719. W. S. A.
⁵) Bericht Königsegg's aus Paris, 9. Februar 1719. W. S. A.
⁶) Bericht Königsegg's aus Paris, 26. Februar 1719. W. S. A.
⁷) Schaub an St. Saphorin, 14. Februar 1719. Han. A.
⁸) Protokoll der Conferenz-Sitzung vom 5. März 1719. W. S. A.

gewähren würde.¹) Ausserdem forderte er die Annahme der Geheimartikel und die Unterzeichnung der ganzen Allianz binnen drei Wochen seitens der Generalstaaten.²) Doch musste der letzte Punkt wieder fallen gelassen werden, denn das war für die Bedächtigkeit der holländischen Herren ein viel zu knapper Zeitraum; dagegen willigte zuerst Stanhope, dann auch der Regent ein, den verlangten Revers auszustellen.³) Obwohl die Staaten durch das einmüthige Verlangen der drei anderen Signatarmächte sich genöthigt sahen, in Bezug auf die Geheimartikel nachzugeben, fanden sie rasch ein neues Hinderniss. Der Kaiser wollte erst nach dem Beitritte Hollands zu der Quadrupel-Allianz die Ratification des am 22. December des Vorjahres geschlossenen Barrière-Tractates vornehmen — flugs verlangten die hochmögenden Herren das Gegentheil.⁴) Und hier setzten sie ihr Begehren durch. Am 11. Mai wurden die Ratificationen in London ausgetauscht. Gleichzeitig traf die Nachricht ein, dass der Vertreter, welchen die Generalstaaten Anfangs des Jahres nach Madrid gesandt hatten, um Alberoni nun auch ihrerseits zum Frieden zu rathen — er hiess Colster — nicht einmal die Erlaubniss bekommen hatte, dem spanischen Hofe, welcher nach Balsain übersiedelt war, zu folgen. Alberoni hatte ihn lediglich fragen lassen, ob er neue Bedingungen bringe, und auf dessen verneinende Erwiderung war ihm bedeutet worden, jede weitere Verhandlung und auch seine Gegenwart sei daher unnöthig.⁵) Und doch war eben wieder ein vielversprechender Plan des Cardinals gescheitert. Seit Beginn des Jahres wurde in Cadiz an einer Expedition gegen England gerüstet; Geld, Schiffe und Munition stellte Spanien bei. Zahlreiche englische und schottische Flüchtlinge, Abenteurer aus aller Herren Länder versammelten sich da unter dem Oberbefehle des Herzogs von Ormond; im März kam der Prätendent an, welcher die Reise von Rom hieher trotz mancher Führlichkeiten glücklich zurückgelegt hatte.⁶) Als die Nachricht von

---

¹) Lord Stanhope an St. Saphorin, 17. März 1719. Han. A.
²) Schaub an St. Saphorin, 28. März 1719. Han. A.
³) Robethon an St. Saphorin, 7. 18. April 1719. Han. A.
⁴) Lord Stanhope an St. Saphorin, 11., 22. April 1719. Han. A.
⁵) Bericht Pendtenriedter's aus London, 11. Mai 1719. W. S. A.
⁶) Pauli, Stuart und Sobieski, Sybel's Hist. Zeitschrift, Bd. 46, p. 294.

einer beabsichtigten feindlichen Landung in London eintraf, entstand dort die grösste Bestürzung. Mit der englischen Armee sah es schlimm aus; man musste fürchten, dass, wenn einmal Stuart festen Fuss in England gefasst hatte, alle Unzufriedenen des Reiches, und deren gab es viele, sich um ihn schaaren würden und ein besorgnisserregender Aufstand entstehen könnte.[1]) Pendtenriedter versprach sofort, der Kaiser werde bereitwilligst Hilfstruppen zur Verfügung stellen; und in der That, als St. Saphorin in Wien das Ansuchen darum stellte, wurde es mit ungewohnter Raschheit bewilligt,[2]) ein eigener Gesandter, Graf Khevenhiller, nach London gesandt, um dies anzuzeigen; kurz, die englischen Minister und ihr Gesandter in Wien waren voll des höchsten Lobes über die Haltung des Kaisers. Auch der Regent hatte Truppen anbieten lassen, welche aber ihres katholischen Glaubens halber abgelehnt wurden; die von Oesterreich designirten Regimenter waren protestantisch. Sie kamen aber gar nicht in die Lage verwendet zu werden, Wellen und Wind übernahmen die Vertheidigung der englischen Küste. Auf der Höhe von Finisterre wurde die Flottille Stuart's ganz auseinandergesprengt, was sich retten konnte, kehrte nach Spanien zurück; nur zwei Schiffe, vom Sturme nach Norden getrieben, landeten in Schottland. Der Versuch, hier einen Aufstand zu erregen, wurde aber mit leichter Mühe unterdrückt.[3])

Pendtenriedter's Anwesenheit in England ging zu Ende; vor seiner Abreise vereinbarte er aber noch zwei Declarationen mit den englischen Ministern. Die eine war jener früher erwähnte Revers, laut welchem die neue, Spanien gewährte Frist zum Beitritte wirklich die letzte sein und die Mächte sich sofort mit der Neuvergebung von Parma und Toscana beschäftigen sollten. Dieses Stück wurde kurz nachher auch vom Regenten unterzeichnet. In der andern hatte der Kaiser, eingedenk der Jahre 1712 und 1713, von England eine besondere Erklärung verlangt, in welcher Georg neuerlich versprechen sollte, sich im Frieden nicht von Oesterreich und Frankreich zu trennen. England konnte damals unter dem frischen Eindrucke der von Wien so rasch gewährten Hilfeleistung gegen

---

[1]) Bericht Pendtenriedter's aus London, 19. März 1719. W. S. A.
[2]) St. Saphorin an Lord Stanhope, 1. April 1719. Han. A.
[3]) Pauli, a. a. O., p. 286, 295.

den Prätendenten dem Kaiser nichts abschlagen und gab das Gewünschte.[1] Auf der Heimreise hielt sich der kaiserliche Gesandte im Haag auf, in der Hoffnung, hier den Beitritt der Generalstaaten abwarten zu können. Doch vergebens. Zwar hatten sie Ende Mai sich zur Annahme der articuli secreti bereit erklärt, doch fügten sie gleich eine neue Forderung hinzu: sie sollten von einer Kriegserklärung gegen Spanien befreit bleiben.[2] Aergerlich reiste Pendtenriedter nach Wien weiter, wo er am 26. Juni anlangte. Er hatte von seinem Aufenthalte in Holland den ungünstigsten Eindruck erhalten; ja er glaubte sich zu der Ansicht berechtigt, dass es die englischen und französischen Staatsmänner selbst seien, welche den Staaten immer neue Ausflüchte an die Hand gäben, um die oberitalischen Fürstenthümer für einen bourbonischen Prinzen retten zu können.[3] Er behauptete namentlich, dass dies der unbedingte Wille des Regenten sei.[4] Begreiflich, dass derartige Reden eines mit den Verhältnissen so wohl vertrauten Mannes wie Pendtenriedter auf die kaiserliche Politik grossen Einfluss nehmen mussten. Die Entente cordiale des Kaisers mit den Westmächten hatte ihren Höhepunkt bereits überschritten; noch im Anfang des Jahres durch ein neues Bündniss mit England (Hannover und Sachsen) auf das Engste verbunden, lockern sich von nun an die Beziehungen Oesterreichs zu jenem Staate mehr und mehr, und die Zeit ist nicht ferne, wo St. Saphorin eine äusserst unbehagliche Rolle in Wien spielt.

Da es nicht möglich schien, den sofortigen Beitritt der Generalstaaten zu erlangen — von diesem Zeitpunkte sollte die neue dreimonatliche Frist für Spanien beginnen — so verfiel der englische Gesandte in Wien auf den Ausweg, unbeschadet des Nichtbeitrittes Hollands von einem zu bestimmenden Tage jenen Termin zu

---

[1] Bericht Pendtenriedter's aus London, 22. Mai 1719. W. S. A.
[2] St. Saphorin an Lord Stanhope, 18. Juni 1719. Han. A.
[3] St. Saphorin an Lord Stanhope, 28. Juni 1719. Han. A.
[4] St. Saphorin an Schaub, 12. Juli 1719. Han. A. — Dass der kaiserliche Gesandte mit dieser Behauptung nicht so Unrecht hatte, beweist ein Brief Dubois' an Lord Stanhope vom 30. Juni 1719, in welchem er schreibt: On avoit regardé les trois mois donnés au Roy d'Espagne comme une clause comminatoire que les Contractants renouvelleroient jusqu'à ce que l'Espagne acceptât la Paix ... M. A. E.

datiren.¹) Der Wiener Hof suchte auszuweichen; durch den ungünstigen Verlauf des Feldzuges auf Sicilien sah er sich aber wieder mehr auf die Hilfe der englischen Flotte im Mittelmeere angewiesen und gab darum nach. Doch war viel Zeit mit dem Hin und Her der Verhandlungen verloren gegangen; als Beginn des Termines konnte nur mehr der 1. oder der 15. October vorgeschlagen werden.²) Dies durchzusetzen und eine neuerliche Erklärung der Mächte zu erreichen, dass diese Frist wirklich und wahrhaftig die letzte sein werde, wurde Graf Windischgrätz in besonderer Mission zu König Georg gesandt,³) welcher sich damals in Hannover aufhielt. Der Graf löste seine Aufgabe mit dem grössten Ungeschick. Anstatt dem Kaiser ein Verdienst daraus zu machen, dass er einem neuerlichen Termine zustimme, machte er sich selbst ein Verdienst daraus, jene Erklärung, welche die Mächte nach ihren früheren Versprechungen als selbstverständlich ansahen, zu erhalten.⁴) Dann reiste er nach dem Haag, um hier an Seite Cadogan's für die Allianz zu wirken. Was Pendtenriedter nicht gelungen war, gelang ihm natürlich noch viel weniger. Am 16. November unterzeichneten endlich die Minister des Kaisers, Englands und Frankreichs die Erklärung über den Termin; einen Monat später setzten auch die Bevollmächtigten der Generalstaaten ihre Unterschrift darunter, aber zum Beitritte zur Quadrupel-Allianz waren sie nicht zu bewegen. Das Einzige, was erreicht werden konnte, war, dass ihr Gesandter Colster, welcher in Madrid neue Schritte bei Alberoni machen sollte, den Auftrag bekam, drohend zu erklären, nach Ablauf der in Rede stehenden drei Monate würden die Staaten sich genöthigt sehen, gleichfalls an Spanien den Krieg zu erklären. Ein solches Versprechen gaben sie in der That Frankreich und England in einer geheimen Convention;⁵) grossen Werth darf man aber wohl darauf nicht legen.

Ein volles Jahr und mehr war verstrichen, seitdem sich die geheime Conferenz das erste Mal mit der Vertheilung der Provinzen

---

¹) St. Saphorin an Lord Stanhope, 19. Juli 1719. Han. A.
²) Referat vom 16. September über die Conferenz-Sitzung vom 15. September 1719. W. S. A.
³) St. Saphorin an Lord Stanhope, 20. September 1719. Han. A.
⁴) Schaub an St. Saphorin, 4. October 1719. Han. A.
⁵) Lord Cadogan an St. Saphorin, 19. December 1719. Han. A.

in Oberitalien beschäftigt hatte; Monat um Monat wurde die Hoffnung des Wiener Hofes, sie dem bourbonischen Prinzen zu entreissen, hingehalten; endlich schien sie Wahrheit werden zu sollen. Am 23. November traten die kaiserlichen Minister nochmals in die Berathung ein, wer an Stelle von Don Carlos zu nennen sei. Wieder bestimmte man Toscana dem Lothringer, Piacenza dem Herzoge von Modena. Da aber letzterer im Begriffe stand, seinen Sohn mit einer Tochter des Regenten zu vermählen, also voraussichtlich grössere Berücksichtigung von Seite der Westmächte beanspruchen würde, schlug die Conferenz vor, diesem die Expectative auf das Grossherzogthum zu geben, nur sollte er dann bei Antritt der Erbschaft Modena und Reggio an Lothringen abtreten. Parma sollte an Guastalla fallen; über die savoyischen Forderungen, welche Santonimaso in Wien vorgebracht hatte, könnte auf dem Congresse verhandelt werden, welchem die letzte Regelung aller Differenzen vorbehalten blieb.[1] Am 6. December wurden diese Weisungen an die kaiserlichen Vertreter in Paris und London gesandt; in ersterer Stadt befand sich seit kurzer Zeit wieder Pendtenriedter.

Die kriegerischen Ereignisse des Jahres 1719 sind nicht sehr erwähnenswerth; in Sicilien war die Schlappe von Francavilla wohl einigermassen wieder gut gemacht worden, doch der häufige Wechsel im Oberbefehl, dann die Zwietracht zwischen den kaiserlichen Generalen liessen keine besonderen Thaten zu. Knapp vor Ende der Campagne war die Citadelle von Messina erobert worden. In Spanien hatte die französische Armee unter dem Herzoge von Berwick San Sebastian, Fuentarabia und Rosas eingenommen und die Engländer hatten an der Küste beträchtlichen Schaden angerichtet. Philipp von Anjou spielte an der Spitze seines Heeres eine sehr kläglichc Rolle. Aber im Ganzen wurde dieser Krieg so unlustig geführt wie selten einer;[2] er war auch in Frankreich äusserst unpopulär. Von Wien aus hatte man, eingedenk der Treue der

---

[1] Vortrag an den Kaiser, 23. November 1719. W. S. A.
[2] there is from the General to the common souldier an allmost inconceivable aversion to this warr, which they make no scruple of declaring upon every occasion and one hears nothing from morning till night but wishes for Peace, which is a language I never yet met with before in any army. Oberst Stanhope aus dem Lager von San Sebastian an Craggs, 20. Juli 1719. R. O.

Catalonier, mit diesen Verbindungen angeknüpft;[1]) es befanden sich viele catalonische Edelleute am Wiener Hofe, welche sich bemühten, in jener Provinz einen neuen Aufstand gegen Philipp hervorzurufen. Lange wollte Frankreich aber davon nichts wissen, lange weigerte sich Berwick, die Gährung daselbst zu fördern. Als die Empörung endlich ausbrach, brachte sie nicht viel Wirkung hervor; das Land selbst hatte kein Zutrauen zu diesem Kriege,[2]) er wurde eben nur geführt, um den Frieden zu erzwingen. Doch schien zu letzterem wenig Aussicht; ja Frankreich und England machten sich schon mit dem Gedanken vertraut, im nächsten Jahre wiederum die Waffen ergreifen zu müssen; sie rüsteten dazu mit grossem Eifer. Da trat am Ende des Jahres 1719 das langersehnte Ereigniss ein, die spanische Politik wurde geändert und Alberoni fiel dieser Aenderung zum Opfer. Alle seine Berechnungen waren zu Schanden geworden: er hatte geglaubt, der Türkenkrieg würde den Kaiser beschäftigen, die Pforte hatte Frieden geschlossen; er hatte auf die Intervention Russlands und Schwedens gerechnet; Karl XII., welcher gerne geneigt gewesen wäre, eine Landung in Schottland vorzunehmen, fiel am 12. December 1718 vor Frederickshall, und der Czar war dann viel zu beschäftigt durch den Frieden mit Schweden, um sich in neue Verwicklungen einzulassen. Der Cardinal hatte ferner auf eine leichte Eroberung Siciliens gehofft und keinen Widerstand von Frankreich und England erwartet — in Beidem sah er sich getäuscht. Trotzdem war er Mann genug, allen Feinden die Stirne zu bieten; er dachte nicht an den Frieden; aber seine kluge Königin war zur Ueberzeugung gekommen, dass für den Augenblick keine Aussicht auf Erfolg winke, dass sie im Gegentheile nur Toscana und Parma für ihren Sohn verlieren könne. Von allem Anfange hatten ihr die Mächte den Ausweg aus diesem Dilemma gezeigt: es war Alberoni's Sturz. Nur gegen ihn hatte ja Frankreich erklärt, Krieg zu führen. Darum musste er fallen. Auf die Entschliessung der Königin hatte wohl ihr Onkel und Stiefvater, der Herzog von Parma, den grössten Einfluss gehabt. Nicht, dass er die spanischen Pläne auf Italien nicht gebilligt hätte, aber da

---

[1]) St. Saphorin an Lord Stanhope, 16. September 1719. Han. A.
[2]) Oberst Stanhope an Lord Stair, 28. October 1719. R. O.

sie misslungen waren, so fürchtete er die Rache des Kaisers und eilte diesen zu entwaffnen.

Schon Mitte Juli versuchte er durch seinen Gesandten Abbate Scotti in Paris eine Beilegung des Krieges, dieser schlug den Zusammentritt eines Congresses vor und bot die Mediation des Papstes an.[1]) Alberoni wusste aber den Eindruck, welchen diese Eröffnungen in Frankreich machen mussten, abzuschwächen, indem er gleichzeitig im Haag durch Beretti Landi als Preis des Friedens verlangte: England soll Gibraltar und Port Mahon abtreten und auf den Assiento-Vertrag verzichten. Gleichzeitig machte er den Generalstaaten den Antrag, Schiedsrichter in diesen Fragen zu sein.[2]) Die Folge davon war, dass Scotti's Vorschläge in Paris für unaufrichtig gehalten[3]) und abgelehnt wurden und Stanhope die Ueberzeugung neuerdings aussprach: so lange Alberoni Minister bleibe, sei ein ehrlicher Friede unmöglich; selbst wenn dieser die Hand dazu böte, so könnte das nur „une paix simulée" sein.[4]) Um den Herzog von Parma davon zu überzeugen, wurde Lord Peterborough, aus dem spanischen Erbfolgekriege und späterhin durch sein abenteuerliches Leben bekannt, zu ihm gesandt. Eine officielle Mission dieses Lords wurde von Stanhope entschieden in Abrede gestellt; er war wohl nur einer jener bequemen diplomatischen Agenten, welche im Stillen und unbeobachtet wirken, und wenn sie entdeckt werden, leicht zu desavouiren sind. Francesco Farnese erkannte, dass sein Gesandter damals von Alberoni getäuscht worden sei; er sah die Nothwendigkeit ein, dass Spanien Frieden machen müsse, um sich die Vortheile der Quadrupel-Allianz zu sichern; da dies mit Alberoni nicht möglich sei, so müsse es ohne ihn geschehen. Nur verlangte er ein Handschreiben des Regenten mit der Versicherung, dass England und Frankreich sofort mit Spanien in Unterhandlung treten wollten, sobald der Cardinal nicht mehr an der Spitze der Geschäfte stehen würde.[5]) Das wurde aber von Dubois rundweg abgelehnt, denn

---

[1]) Bericht Pendtenriedter's aus Paris, 16. Juli 1719. W. S. A.
[2]) Meinertshagen an Ilgen, 18. August 1719. Berliner Archiv.
[3]) Lord Stanhope an Dubois, 22. August/2. September 1719. Han. A. — Lord Stair an St. Saphorin, 6. September 1719. Han. A.
[4]) Lord Stanhope an Dubois, 22. August 1719. Han. A.
[5]) Lord Peterborough an den Herzog von Orléans, 20. November 1719. Han. A.

Pendtenriedter hatte Nachricht von diesen Unterhandlungen bekommen und darüber Lärm geschlagen;[1] nichts Unerwünschteres konnte ja für den Kaiser eintreten, als der Friede mit Spanien, welcher letzterem die italienischen Länder sichern würde. Doch auch ohne dieses schriftliche Versprechen gelang der Plan der Mächte. Scotti setzte es durch, dass er dem spanischen Königspaare nach dem Escurial folgen durfte, während Alberoni in Madrid zurückblieb; am 6. December ereilte diesen sein Geschick. Durch ein äusserst ungnädiges Handschreiben seines Königs wurde er seiner Stellen enthoben und ihm befohlen, binnen 24 Stunden Madrid zu verlassen, binnen 14 Tagen das Land. Mit ihm schied ein Mann von grossem Talente von der diplomatischen Bühne; in kurzer Zeit hatte er für das Wiederaufblühen des spanischen Staates Ausserordentliches geleistet, dabei die militärische Macht des Landes zu imponirender Grösse erhoben. Er hatte eine kühne, zielbewusste Politik geführt, dabei sich aber von seinem heissen Temperamente hinreissen lassen, das zu glauben und zu erwarten, was er wünschte, und dadurch manchen Fehler begangen.[2] Dann hatte ihn das Glück im Stiche gelassen. Bis zum letzten Augenblicke hatte er auf seinen guten Stern vertraut und nicht an die Möglichkeit seines Sturzes gedacht; er kam ihm ganz überraschend. Nicht minder aber seinen Verbündeten. Sie waren von seinem Einflusse auf Philipp und Elisabeth so überzeugt, dass die erste Nachricht von seiner Entlassung in Paris auf allgemeines Misstrauen stiess; man hielt das Ganze für eine Komödie. Sobald die Alliirten, getäuscht dadurch, zum Frieden sich herbeigelassen haben würden, werde er zurückkehren. Erst die späteren Berichte und noch mehr die Bitte des flüchtenden Cardinals um Pässe für die französischen und kaiserlichen Staaten, welche er auf seinem Wege nach Rom berühren musste, zerstreuten alle Zweifel. Bezeichnend ist es aber, wie verschiedenen Eindruck dieses Ereigniss auf die Alliirten machte. In

---

[1] Bericht Pendtenriedter's aus Paris, 4. December 1719. W. S. A.

[2] Treffend schreibt Lascaris über ihn: Il Cardinale é uomo uscito dalla feccia del popolo, sboccato come un vetturino, intrepido e fermo; e quanto più internamente è ed ha motivo di essere abbattuto, tanto maggiore è la fermezza che dimostra. È uomo di talento, ma non da Ministro perché violente, sdrucciolo o senza prudenza. Relazione, a. a. O., pag. 204.

Paris und London herrschte eitel Freude; mit grösster Bereitwilligkeit stellte Dubois den verlangten Pass aus. Dagegen verweigerte Pendtenriedter entschieden einen solchen.¹) Alberoni sah sich genöthigt, den Seeweg einzuschlagen. In Wien erregte es ungeschminkten Aerger; man war da sehr schlecht auf die Westmächte zu sprechen, denen man das Geschehniss mit Recht auf das Kerbholz schrieb; der Zweck der Mission Scotti's war hier ganz unbekannt gewesen.²) In der That, der Kaiser hatte keine Ursache zu frohlocken, denn es schien jetzt ziemlich sicher, dass Spanien Frieden schliessen und Toscana und Parma doch noch an das Haus Bourbon fallen würden. Auf eine andere Gefahr machte Pendtenriedter überdies aufmerksam: so einig die Alliirten einem feindlichen Spanien gegenüber gewesen waren, so uneins dürften sie jetzt werden; jeder werde, durch politischen Eigennutz veranlasst, sich bemühen, den neuen Freund ganz für sich zu gewinnen; sie würden versuchen, einander durch Concessionen zu überbieten, deren Kosten der Kaiser zu tragen haben würde.³)

Wie wenig Alberoni das ihm drohende Verhängniss ahnte, zeigt, dass er wenige Tage früher einen Versuch gemacht hatte, Lord Stanhope zu gewinnen. Er hatte den General Seissan mit besonderen Aufträgen an den englischen Minister gesandt; jener benützte den Seeweg. Als er zu Pendennis landete, erwartete ihn die Nachricht von dem Sturze seines Absenders. Nichtsdestoweniger reiste er weiter nach London und wurde hier sehr liebenswürdig von Lord Stanhope empfangen. Dieser überzeugte ihn, dass die Mächte unverrückt an den Bedingungen der Quadrupel-Allianz festhalten würden, und entliess ihn mit den freundschaftlichsten Versicherungen und Anträgen für die Königin.⁴)

Wenn diese, dem Andringen der Mächte folgend, Alberoni geopfert hatte, so that sie es hauptsächlich in der Hoffnung, damit deren Zorn zu besänftigen und bessere Bedingungen zu erlangen. Wie sehr sich der spanische Hof darüber Täuschungen hingab, zeigen die Forderungen, welche ziemlich gleichzeitig von Claudio Ré in

---

¹) Bericht Pendtenriedter's aus Paris, 22. December 1719. W. S. A.
²) Priuli, 20. Januar 1719 (1720). Venet. Gesandtschaftsberichte. W. S. A.
³) Bericht Pendtenriedter's aus Paris, 22. December 1719. W. S. A.
⁴) Meynertshagen an Ilgen, 5. Jänner 1720. Berliner Archiv.

London,[1]) von Beretti Landi im Haag und von Abbate Landi in Paris übergeben wurden. Spanien verlangte als Preis des Friedens: Rückgabe aller von den französischen Truppen eingenommenen Plätze, die Ueberführung der Armee aus Sicilien in die Heimat, Ersatz der Kriegsschäden, namentlich für die von England bei Cap Passaro zerstörten Schiffe, Abtretung Sardiniens, Gibraltars und Port Mahons; Don Carlos soll Toscana und Parma erhalten, aber nicht als Reichslehen; er darf sofort nach Italien gehen, um dort in der Sprache und den Sitten seiner zukünftigen Unterthanen erzogen zu werden; endlich soll Sicilien nach dem Aussterben des savoyischen Hauses an Spanien zurückfallen.[2]) Diese Bedingungen machten in Wien nochmals die freudige Hoffnung rege, Spanien werde auch den letzten Termin verstreichen lassen, ohne Frieden zu schliessen; daher willigte der Kaiser ein, dass dieser Termin nicht vom Tage der Unterzeichnung jenes Reverses durch England und Frankreich, sondern von der Unterzeichnung Hollands an gerechnet werden solle, was diesen Zeitpunkt vom 16. Februar bis zum 16. März hinausschob.[3]) Als die spanischen Vorschläge bekannt wurden, befand sich Lord Stanhope in Paris. Nach dem Sturze Alberoni's war man in London über die Haltung des Regenten besorgt geworden; er hatte ja erklärt, nur gegen den Cardinal Krieg zu führen, es stand zu fürchten, dass er unter dem Drucke des Wunsches des ganzen Landes einem Frieden mit Spanien geneigter sein würde, als der Festigkeit der Quadrupel-Allianz zuträglich wäre. Dies zu verhindern war der Minister nach Paris geeilt; mehr als seine persönliche Intervention nützten aber die unbilligen Forderungen Spaniens, diesen gegenüber gab es kein Wanken und Zaudern. Die Kriegsvorbereitungen wurden wieder aufgenommen. Doch noch ein Versuch sollte gemacht werden, um Anjou eines Besseren zu belehren darüber, dass mit der Entlassung Alberoni's noch nicht Alles gethan sei. Da Lord Stanhope die Reise nach Madrid nicht unternehmen konnte — er war zu Hause nöthig — so wurde Schaub dazu ausersehen. Ueber Andringen Pendtenriedter's, welchem diese grosse Rücksichtnahme auf Philipp sehr übel angewandt dünkte,

[1]) Cruggs an St. Saphorin, 1./12. Januar 1720. Han. A.
[2]) Bericht Pendtenriedter's aus Paris, 22. Januar 1720. W. S. A.
[3]) Protokoll der Conferenz-Sitzung vom 28. Januar 1720. W. S. A.

wurde aber vorher eine sehr energische Erklärung verfasst und unterzeichnet, in welcher die Verbündeten jene Vorschläge Spaniens entschieden ablehnten und kategorisch auf der Annahme des Wortlautes der Quadrupel-Allianz bestanden. Der kaiserliche Gesandte fuhr fort, sich über die französische Politik zu beklagen; er fürchtete sehr, das Verlangen, Don Carlos solle sofort nach Italien gehen, werde beim Regenten auf keinen Widerstand stossen; auch konnte er nicht die Berathung über die Wiener Wünsche betreffs der Belehnung von Toscana und Parma zuwege bringen; blos mündlich versprach ihm der Herzog von Orléans, sogleich nach Ablauf des Termines daran zu geben.[1])

Als jene von Pendtenriedter durchgesetzte Erklärung der Mächte nach Madrid kam, erregte sie unangenehme Ueberraschung. Die Königin und der König hatten sich thatsächlich der Hoffnung hingegeben, von den Mächten bessere Bedingungen zu erhalten, ja sogar noch kürzlich den Versuch gemacht, die Einigkeit derselben zu stören. Scotti hatte in einem Schreiben an Dubois um einen geheimen Waffenstillstand ersucht; es bedürfe keines formellen Abschlusses, genug, wenn Frankreich seine Einwilligung dazu dem Befehlshaber von Seo d'Urgel, dem Principe Pio, anzeige; es könnte dann auch die Frist verlängert werden, binnen welcher Spanien beitreten dürfe.[2]) Das erschien jetzt Alles durch jene Erklärung unnütz. Gleichzeitig kam General Scissan nach Madrid zurück und überbrachte die guten Rathschläge Stanhope's:[3]) wenn Spanien sich einmal auf die Basis der Quadrupel-Allianz gestellt haben würde, so könnte man viel leichter auf einem Congresse seinen Wünschen entgegenkommen. Der spanische Hof sah endlich ein, dass die Eintracht der Mächte mit Worten nicht zu sprengen sei; von einem neuerlichen Kriege, an welchem diesmal England und möglicherweise auch Holland sich thatkräftig betheiligen würden, war nichts zu erwarten; dagegen konnte man hoffen, bei diplomatischen Unterhandlungen durch Benützung der Rivalität der Mächte Manches zu erreichen. Es war nichts zu gewinnen; durch längeres Zögern Alles zu verlieren. So geschah denn, was Philipp noch vor

---
[1]) Bericht Pendtenriedter's aus Paris, 22. Januar 1720. W. S. A.
[2]) Bericht Pendtenriedter's aus Paris, 2. Februar 1720. W. S. A.
[3]) General Scissan an Lord Stanhope, 22. und 27. Januar 1720. R. O.

Monaten als eine unerhörte Schmach bezeichnet hatte, er trat der Quadrupel-Allianz bei. Vom 26. Januar 1720 sind die schwerwiegenden Erklärungen und Vollmachten an Beretti Landi datirt, denen zufolge dieser jene Allianz unterzeichnen sollte. Gleichzeitig verlangte Scotti in einem Schreiben an Dubois den sofortigen Waffenstillstand in Sicilien; und Grimaldo, der neue spanische Staatssecretär, gab in einem Memoire die Wünsche Spaniens für den zu kommenden Congress kund. Mit grosser Freude wurde diese Nachricht in Paris begrüsst; die Worte, mit welchen sie der Regent dem Conseil d'état anzeigte, bewiesen deutlich, was der Kaiser von nun an von der französischen Freundschaft zu hoffen haben werde.[1]) Mit Mühe brachte Pendtenriedter den Regenten dazu, von Spanien um den Preis einer Waffenruhe in Sicilien die Evacuation der Insel zu verlangen. Dabei erfuhr der Gesandte zu seiner grössten Ueberraschung, dass Alberoni schon vor Monaten die Räumung der Insel gegen freien Abzug der Truppen angeboten, Frankreich dies aber eigenmächtig und ohne Rücksicht auf die Vortheile, welche dem Kaiser daraus erwachsen wären, abgelehnt hatte, um die spanische Armee nicht durch jene Regimenter verstärkt zu sehen. So natürlich das vom französischen Standpunkte ist, so deutlich zeigt es, wie wenig man im Palais Royal seinen Verbündeten berücksichtigte.[2])

Am 17. Februar wurde im Haag von Windischgrätz, Cadogan, Morville und Beretti Landi die Erklärung unterzeichnet, mittelst welcher Spanien der Quadrupel-Allianz beitrat. Diesem Beispiele folgten die Generalstaaten ohne Säumen.

Damit war nach zwanzigjährigem Kampfe der Friede zwischen Kaiser und Spanien im Principe hergestellt; aber noch fünf Jahre mit mühevollen und langwierigen Verhandlungen vergingen, bis er thatsächlich und dann auf ganz anderer Basis zu Stande kam. Von hier an datirt der Zerfall der Quadrupel-Allianz; der Zweck, zu welchem sie geschlossen worden war, schien erreicht zu sein. Es trat jetzt eine neue Gruppirung der Mächte ein.

---

[1]) Je sçais que la France a vu avec peine la guerre, que je faisois au Roy d'Espagne; mais après qu'il s'est declaré pour la Paix, et qu'il m'a confié ses interets, j'espère qu'il n'y perdra rien, et que la France recounaitra que je n'ay pas oublié les soins, que je dois à nos avantages reciproques. Bericht Pendtenriedter's aus Paris, 6. Februar 1720. W. S. A.

[2]) Bericht Pendtenriedter's aus Paris, 6. Februar 1720. W. S. A.

V. Capitel.

Der Zerfall der Quadrupel-Allianz.

War Spanien auch endlich der Quadrupel-Allianz beigetreten, so bedeutete das noch keineswegs, dass es sich unbedingt allen Bestimmungen derselben zu unterwerfen gedachte; wie weit es im Gegentheile dieselben zu modificiren wünschte, zeigt das Memoire, welches Grimaldo auf Befehl seiner Regierung verfasst und gleichzeitig mit der Erklärung zum Beitritte eingesandt hatte. Er verlangt darin die sofortige Rückgabe der von Frankreich eroberten Plätze, die Abtretung Gibraltars, die Besetzung Toscanas und Parmas, unabhängig vom Reiche, mit spanischen Truppen, eine kleine Gebietsabtretung für Francesco Farnese. Alles das sollte vor oder auf dem abzuhaltenden Congresse erreicht werden.[1]) Noch vor dem 17. Februar kam aus London die Antwort darauf: die Rückgabe der Festungen wird bewilligt; das Verlangen, die beiden oberitalienischen Provinzen mögen nicht Reichslehen werden, abgelehnt; bezüglich der Garnisonen und der Entschädigung für Parma werde das Mögliche geschehen; dagegen denke England nicht mehr daran, Gibraltar abzutreten.[2]) Wie zur selben Zeit der Staatssecretär Craggs an Dubois schrieb, hatte England seinerzeit das Anbot gemacht, um dadurch den Krieg zu verhüten; da dieser Zweck nicht erreicht worden sei, müsse doch auch das Mittel wegfallen.[3]) Dieselbe Erklärung gab Mr. Schaub nach seiner Ankunft in Madrid; auch er bezeichnete die Abtretung des Felsennestes „ni comme accordée, ni comme resolue".[4])

---

[1]) Bericht Pendtenriedter's aus Paris, 6. Februar 1720. W. S. A.
[2]) Demselben Berichte beigelegt.
[3]) Craggs an Lord Stair, 18./29. Februar 1720. W. S A.
[4]) Schaub an Lord Stanhope, 12. Februar 1720. R. O.

In Spanien hatte man das gefürchtet, glaubte aber durch den Besitz Siciliens ein Gegengewicht in der Hand zu haben, erklärte daher neuerdings, vor der Räumung jener Insel müssten die nordspanischen Orte, Pensacola in Amerika und Gibraltar übergeben werden. Nur sollte sofort ein Waffenstillstand geschlossen werden. Die anderen Wünsche, welche Grimaldo erwähnt hatte, wurden einstweilen fallen gelassen, damit aber keineswegs aufgegeben: namentlich die Unabhängigkeit Toscanas und Parmas vom Kaiser war das Hauptziel, welches die spanische Politik erreichen wollte. Der Einfluss der Königin Elisabeth auf ihren Gemahl war durch den unglücklichen Krieg nicht im Geringsten erschüttert worden, sie lenkte nach wie vor die Zügel der Regierung, sie hatte nur ihr Werkzeug gewechselt; statt Alberoni war es Scotti geworden, wie jener ein Unterthan des Herzogs von Parma, aber ungleich weniger bedeutend. Er besass eine grosse Freude am Intriguenspiel und wählte gerne einen Umweg, selbst wenn der gerade Weg auch zum Ziele geführt hätte. Schaub schrieb von ihm: es ist schwer zu unterscheiden, ob er als Betrüger oder als Spassmacher, ob er als Dummkopf oder als ehrlicher Mann spreche.[1]) Des gewandten Diplomaten Mission in Madrid war eine doppelte: zuerst sollte er den Beitritt Spaniens zur Quadrupel-Allianz herbeiführen. Da er zu seiner Ueberraschung bei der Ankunft in Madrid dies schon eingetreten fand, so konnte er nur die Ausführung derselben beschleunigen und die Schwierigkeit wegen Gibraltars beheben. Seine andere, ungleich wichtigere Aufgabe war, Frankreichs Stellung in Madrid zu erschüttern und den spanischen Hof ganz unter englischen Einfluss zu bringen.[2]) Das hatte nicht nur für den englischen Handel eine grosse Bedeutung, die englischen Minister begannen auch wieder die alte Besorgniss zu hegen, es könnten doch einmal die Pyrenäen aufhören eine Grenze zu bilden, und das hätte für Grossbritannien eine unendliche Gefahr bedeutet. Endlich sollte dem Prätendenten der letzte Zufluchtsort entzogen werden. Es muss darum als ein grosser Fehler der französischen Regierung bezeichnet werden, dass sie in diesem hochwichtigen Zeitpunkte ihre Interessen in Madrid

---

[1]) Schaub an Lord Stanhope, 20. April 1720. R. O.
[2]) Schaub an Lord Stanhope, 17. Februar 1720. R. O.

durch einen englischen Gesandten vertreten liess; wieder ein Beweis, wie richtig der Vorwurf ist, welcher dem Regenten und Dubois gemacht wird: sie hätten die Interessen des Volkes ihren eigenen hintangesetzt. Es hat keineswegs an Männern gefehlt, welche das schon damals erkannten; die altfranzösische Partei, welche nach der misslungenen Cellamare'schen Verschwörung und während des darauffolgenden Krieges mit Spanien ein Jahr lang geschwiegen hatte, erhob wieder kühn ihr Haupt. Sie wollte mit Spanien nicht nur Frieden, sondern auch enge Freundschaft schliessen; es war ihr recht, wenn Frankreich die Verbindung mit England durch einen Krieg abschüttelte. John Law war der Hauptgegner Dubois' und Verfechter dieser Pläne; ihm bangte bereits für seine Herrlichkeit, er wollte sich durch einen Krieg Luft schaffen. Huxelles, Torcy, St. Simon fehlten da natürlich auch nicht; die Partei erprobte ihre Macht damit, dass sie die Abberufung Lord Stair's von seinem Posten durchsetzte. Dubois musste sie verlangen, die englische Regierung gewährte bereitwillig den Wunsch.[1]) Als passender Grund gegen England aufzutreten bot sich die Gibraltar'sche Angelegenheit; laut schrie man über den englischen Treubruch; der Regent habe sich mit seinem Worte verpflichtet, dem Könige Philipp jene Festung zu verschaffen, Frankreichs Ehre sei verpfändet. Der Herzog von Orléans verfiel abermals dem Einflusse dieser Männer, er sprach sich auf das Schärfste über das Vorgehen Englands aus und sandte sogar ohne Wissen Dubois' den Marquis von Senneterre nach London, um hier auf der Abtretung Gibraltars zu bestehen.[2]) Dubois begann für Amt und Stellung zu zittern; in seiner Noth rief er Stanhope um Hilfe an, und dieser kam eilends nach Paris. Sein Besuch wirkte, wie stets. Bald hatte er den Regenten dahin gebracht, dass dieser sich begnügte, Spanien seine guten Dienste zur Vermittlung in dieser Streitfrage anzubieten. Die Stellung Dubois' war wieder gefestigt, die Hofpartei zog sich grollend zurück. Einigen Edelleuten in der Bretagne, welche im Vorjahre, von Spanien aufgereizt, einen Aufstand gegen den Herzog von Orléans angezettelt

---

[1]) Lord Stanhope an Dubois, 18./29. December 1719. Graham, Annals II, 389.

[2]) Pendteuriedter an Hoffmann, 28. Februar 1720. W. S. A.

hatten, liess Dubois die Köpfe vor ihre Füsse legen — das war seine Rache.[1]

Inzwischen verfolgte Schaub in Madrid rastlos seine Pläne. Er stellte die Bedeutung einer Abtretung von Pensacola in helles Licht und versprach dieselbe bei Frankreich durchzusetzen; er machte den Vorschlag, die Ratification des Friedens sollte wohl von Spanien gemacht, aber vom Regenten so lange geheim gehalten werden, bis die nordspanischen Städte zurückgegeben sein würden,[2] was dem spanischen Ehrgefühle sehr schmeichelte. Aber er hatte eine schwere Stellung an diesem Hofe: man war wegen Gibraltar, das so gut wie verloren schien, sehr verstimmt und misstraute auch England wegen dessen Freundschaft mit dem Kaiser. Dieser blieb doch Spaniens Haupt- und Erbfeind, und zum wirklichen Interessengegensatze zwischen Spanien und Oesterreich kam noch der Umstand, dass die Königin und Scotti als Italiener von unüberwindlicher Furcht vor der Macht des Kaisers durchdrungen waren. Vergebens bemühte sich Schaub, die Verbindung seines Königs mit Karl VI. als durchaus nicht innig darzustellen.[3] Von der grossen Wichtigkeit eines guten Einverständnisses mit Spanien überzeugt, trat endlich der englische Gesandte bei seiner Regierung sehr entschieden für die Abtretung Gibraltars ein, er hielt dieses nicht für so werthvoll und verzweifelte sonst, den Zweck seiner Sendung zu erreichen.[4] Doch die englischen Minister theilten diese Ansicht durchaus nicht; sie fühlten sich nicht mehr fest auf ihren Plätzen. Im Parlamente war ihnen ein talentvoller Oppositionsführer in Robert Walpole entgegengetreten; dazu mehrten sich die Anzeichen einer Handelskrise; sie konnten jetzt nicht daran denken, vom englischen Volke die Abtretung einer Festung zu verlangen, auf welche dieses sehr stolz war. Um aber das Odium der Ablehnung dieser spanischen Forderung von sich abzuwälzen, versprachen sie, die ganze Sache dem Parlamente zur Entscheidung zu überlassen; keinen leisen Zweifel konnte es geben, wie sie ausfallen würde. So fasste auch die spanische Regierung diesen Entschluss auf, und Schaub's

---

[1] Bericht Pendtenriedter's aus Paris, 5. April 1720. W. S. A.
[2] Schaub an Lord Stanhope, 20. Februar 1720. R. O.
[3] Schaub an Lord Stanhope, 17. Februar 1720. R. O.
[4] Schaub an Lord Stanhope, 7. März 1720. R. O.

Stellung wurde eine sehr schwierige.¹) Glücklicherweise für ihn war Scotti „affamé d'argent"; ein mit Diamanten reich besetztes königliches Bildniss stimmte ihn milder,²) und so gelang es endlich dem englischen Gesandten, die Concession zu erlangen, dass die Regelung der Angelegenheit über Gibraltar dem künftigen Congresse vorbehalten bleiben, Sicilien und Sardinien aber gleich geräumt werden sollten. Doch mit letzterem Versprechen nahm man es in Madrid nicht sehr ernst. Schon früher hatte der Abbate Landi, welcher Spanien in Paris vertrat, an Pendtenriedter das Verlangen gestellt, die Waffenstillstands- und Räumungsbedingungen sollten von den bevollmächtigten Ministern im Haag berathen werden;³) das wäre gleichbedeutend mit einer Verschleppung ins Unendliche gewesen. Pendtenriedter lehnte daher dieses Ansinnen entschieden ab, darüber könnten nur die Generale an Ort und Stelle beschliessen;⁴) gegen einen sofortigen Waffenstillstand zur See hatte er nichts einzuwenden, ein solcher wurde auch kurz darauf im Haag unterzeichnet. Daraufhin kam Abbate Landi am 15. April 1720 zu ihm und berichtete, dass jetzt, da die Ratificationen des Vertrages vom 17. Februar bereits ausgewechselt worden seien, Spanien auch seinen Verpflichtungen bezüglich der Räumung Siciliens nachkommen wolle, und obwohl er eigentlich noch zuvor die Abtretung der nordspanischen Festungen zu verlangen beauftragt sei, so habe er doch, um Zeit zu sparen, sofort an den Marquis de Leede die Räumungsordre geschickt. Darüber war der kaiserliche Gesandte sehr erfreut. Zu seiner grössten Ueberraschung erhielt er aber gleichzeitig von Mercy die Nachricht, der spanische Oberbefehlshaber in Sicilien habe, weit entfernt davon, die Insel zu verlassen, im Gegentheil kund thun lassen, dass ein Waffenstillstand im Haag geschlossen worden sei, wonach die Truppen ihre betreffenden Stellungen beibehalten sollten. Damit lag das spanische Doppelspiel aufgedeckt. Pendtenriedter und Lord Stanhope, welche noch in Paris weilten, brachten den Abbate Landi zum Geständnisse: er und Leede hätten aus Madrid den Auftrag erhalten, Waffenstillstand und Räumung zu berathen

---

¹) Schaub an Lord Stanhope, 9. März 1720. R. O.
²) Schaub an Lord Stanhope, 13. März 1720. R. O.
³) Bericht Pendtenriedter's aus Paris, 15. März 1720. W. S. A.
⁴) Pendtenriedter an Abbate Landi, 13. März 1720. W. S. A.

und abzuschliessen, aber nicht auszuführen. Selbst der Regent gerieth in heftigen Zorn über diese „mauvaises finesses italiennes" und billigte ein energisches Vorgehen des österreichischen Gesandten. Sohin richtete dieser im Einvernehmen mit den Verbündeten einen scharfen Brief an Landi, worin er mit der Wiederaufnahme der Feindseligkeiten drohte.[1]) Angesichts dieser Einigkeit der Mächte musste Spanien wohl oder übel nachgeben: Landi wurde von Paris abberufen und sein Nachfolger General Patrick Lawless, ein Ire von Geburt, überbrachte die Einwilligung der spanischen Regierung zur Räumung Siciliens und Sardiniens. Noch vorher, am 6. Mai, hatten Leede und Mercy zu Messina die betreffende Convention unterfertigt, welche dann sofort zur Ausführung kam.[2])

Jetzt beschlossen auch Frankreich und England, ordentliche Vertreter nach Paris zu senden; von ersterem wurde der Marquis de Maulevrier dazu bestimmt. Schaub abzulösen eilte der frühere Gesandte Oberst Stanhope nach Spanien. Er bekam die Aufgabe gestellt, die Königin nach Möglichkeit für England zu gewinnen; er sollte an die Versicherungen anknüpfen, welche Lord Stanhope dem General Seissan gegeben hatte, ihr die Regentschaft zusichern, im Falle ihr Gemahl vor der Mündigkeit des Thronfolgers stürbe; wenn durch den Tod ihrer Kinder das Erbe von Toscana und Parma verloren ginge, sollte sie durch Geld entschädigt werden; auf dem Congresse werde England ihren und ihres Onkels Wünschen auf das Thunlichste entgegenkommen; auch wegen Gibraltars werde es dann vielleicht gegen eine Entschädigung nachgeben. Kurz, der englische Gesandte soll nicht mehr wie vor dem Kriege für, sondern gegen Frankreich arbeiten.[3])

Die Frage des Congresses, welchem dem Wortlaute der Quadrupel-Allianz nach die Schlichtung aller strittigen Fragen vorbehalten bleiben sollte, trat nun in den Vordergrund. Schwer war es bereits, über den Ort desselben einig zu werden. Pendtenriedter hatte Aachen, Antwerpen oder Gent vorgeschlagen,[4]) Dubois Paris. Nachdem diese Städte abgelehnt worden waren, kam die Sprache auf

---

[1]) Bericht Pendtenriedter's aus Paris, 19. April 1720. W. S. A.
[2]) Bericht Pendtenriedter's aus Paris, 17. Mai 1720. W. S. A.
[3]) Private and Add¹ Instructions for Colonel Stanhope, 1720. R. O.
[4]) Bericht Pendtenriedter's aus Paris, 21. März 1720. W. S. A.

Amiens, Lille, Rouen, Soissons;[1]) endlich liess der Kaiser Nancy vorschlagen; auch davon wollte der Regent nichts wissen, und da England auf seine Seite trat, so wurde dieser Antrag fallen gelassen und endlich einmüthig Cambrai angenommen, wohl auch mit Rücksicht auf Dubois, dessen Bischofssitz es war.[2]) Bald erfolgten die Einladungen: am 15. October 1720 sollte der Congress eröffnet werden; in Wirklichkeit geschah dies erst dreieinhalb Jahre später. Der Wiener Hof trug keine Schuld daran; er hatte gleich nach dem Beitritte Spaniens zur Allianz sich mit den Aufgaben beschäftigt, welche seine Vertreter auf dem Congresse zu lösen haben würden. Die kaiserlichen Minister gaben sich keinen Illusionen darüber hin, dass Oesterreich dort wenig Unterstützung von Frankreich und England zu erwarten haben werde, dass diese Staaten vielmehr immer die Partei Spaniens ergreifen würden. Diese Ansicht findet ihren Ausdruck in der Erklärung der geheimen Conferenz: da jene Mächte seit dem Abschlusse der Quadrupel-Allianz selbst Krieg mit Spanien geführt haben, so können sie nicht mehr als Mediatores zwischen diesem und dem Kaiser auftreten und sollen daher auch nominell dieses Amt nicht mehr ausüben. Pendtenriedter in seiner Kritik der Beschlüsse der Conferenz bezeichnet dieses Begehren aber als kaum erreichbar. Bei der jetzt anerkannten Trennung der spanischen Krone vom Hause Habsburg gab es Rechte zu vertheilen, welche von Beiden beansprucht wurden, so das Recht, Ritter des goldenen Vliesses und Granden zu ernennen. Die Conferenz will es dem Kaiser gewahrt wissen. Die Infeudation Toscanas und Parmas unter das Reich soll natürlich festgehalten, dagegen aber die Besetzung derselben mit spanischen Truppen abgelehnt werden; der Verleihung der Expectativen an Don Carlos soll wo möglich nicht Erwähnung geschehen; den Cataloniern und Aragonesen sollen ihre Fueros zurückgegeben, die Renunciation des Königs von Spanien auf seine ehemaligen italienischen und niederländischen Provinzen muss in feierlicher Weise von den Cortes bestätigt werden. Da die Successionen in den anderen Ländern durch die Allianz genehmigt worden sind, — fährt die Conferenz fort — ist

---

[1]) Bericht Pendtenriedter's aus Paris, 12. April 1720. W. S. A.
[2]) Bericht Pendtenriedter's aus Paris, 8. Juli 1720. W. S. A.

es nur billig, dass auch die neue kaiserliche Erbfolgeordnung anerkannt werde; endlich sollen die Bevollmächtigten Oesterreichs wenn möglich mit Spanien einen geheimen Handelsvertrag schliessen.¹) Man war übereingekommen, je drei Bevollmächtigte nach Cambrai zu schicken; als erste Gesandte waren Dubois, Sinzendorf und Stanhope ausersehen worden, diese sollten aber bloss zur Unterzeichnung des Friedensschlusses dahin reisen. Für die anderen Stellen hatte die Conferenz Pendtenriedter jedenfalls — und Starhemberg oder Prié vorgeschlagen. Letztere waren vom Kaiser mit der Motivirung abgelehnt worden, sie seien in London und Brüssel nothwendiger; die Wahl war dann auf den Grafen Windischgrätz gefallen.²) Frankreich bestimmte den Grafen de St. Contest und Morville, Spanien Conde San Esteban und Beretti Landi, England Lord Carteret und Sir Sutton, Savoyen den Grafen Provana, Portugal, das auf besonderes Andringen des Kaisers auch zugelassen wurde, den Grafen Tarouca. Die spanischen Gesandten kamen kurz nach dem 15. October in Cambrai an, St. Contest und Provana bald darauf; es schien einen Augenblick, als sollte der Congress bald eröffnet werden.³) Frankreich und England zeigten aber keine Lust dazu: einmal wollten sie lieber manche Streitfrage, welche erst auf dem Congresse hätte erledigt werden sollen, schon früher schlichten; sie fürchteten, es könnte leicht bei den starken Gegensätzen zwischen Spanien und Kaiser neuerdings zu einem Bruche kommen. Dann waren sie über die eigene Haltung noch nicht schlüssig; jede der beiden Regierungen verfolgte in Madrid geheime Pläne, musste daher auf Spanien Rücksicht nehmen, was sie mit dem Kaiser in schroffsten Gegensatz gebracht hätte. Dann waren auch über beide Länder furchtbare finanzielle Krisen hereingebrochen, welche vorläufig die ganze Aufmerksamkeit und Kraft der Minister in Anspruch nahmen.

Als Oberst Stanhope nach Madrid gekommen war, hatte er einen Brief seines Königs mitgebracht, in welchem dieser versprach, so bald als möglich mit Bewilligung des Parlamentes die Forderung

---

¹) Protokolle der Conferenz-Sitzungen vom 4., 8., 12. und 15. März 1720, dazu „allergehorsamste unvorgreiffliche Gedanken" Pendtenriedter's. W. S. A.

²) Referat vom 6. August über die Conferenz-Sitzung vom 5. August 1720. W. S. A.

³) Bericht Pendtenriedter's aus Paris, 16. Juli 1720. W. S. A.

Spaniens auf Gibraltar zu befriedigen.¹) Der spanische Hof wusste
aber recht gut, dass das englische Parlament eben nie in die Abtretung dieser Festung willigen werde, und versuchte durch ein
anderes Mittel, eine Pression auf England auszuüben: er verweigerte
die Auslieferung der zwei „cedulae", deren dieses nach dem Assiento-
Vertrage für seine beiden Schiffe bedurfte, welche alljährlich nach
Amerika gingen.²) Alle diplomatischen Verhandlungen darüber
blieben fruchtlos. Der neue für London bestimmte Gesandte Possobuono begab sich Ende des Jahres 1720 nach Hannover, wo König
Georg weilte, um eine Einigung herbeizuführen; aber auch er sollte
die „cedulae" nicht eher übergeben, als bis Gibraltar oder ein Aequivalent dafür bewilligt sein würde. Eine andere Differenz entstand
dadurch, dass Spanien sich plötzlich weigerte, die Renunciation
König Philipps durch die Cortes feierlich bestätigen zu lassen, oder
das vielmehr nur dann thun wollte, wenn der Kaiser die seine gleichfalls von allen österreichischen Landtagen sanctioniren liesse.³) Ueber
dieses neue von Spanien gemachte Hinderniss war der Wiener Hof
höchlich entrüstet, er fürchtete nicht ohne Grund, dass gerade dieser
Punkt später einmal benützt werden könnte, um die Ungiltigkeit der
Renunciation Anjou's zu behaupten. Vorgebens bemühten sich die kaiserlichen Gesandten in Paris und London, die Mächte für die Anschauung des Kaisers günstig zu stimmen, diese zeigten gar keine Geneigtheit, wegen einer formellen Schwierigkeit Spanien entgegenzutreten.⁴)

Das ganze nächste Jahr 1721 verging mit den Verhandlungen
über diese Frage. Zwar wurde bald ein Ausweg gefunden, um aus
dem Dilemma herauszukommen; der Kaiser wollte sich damit zufrieden geben, dass die spanische Renunciation nicht von den Cortes
bestätigt werde, verlangte aber zu seiner Sicherheit von England
und Frankreich eine Garantieurkunde, mittelst welcher diese beiden
Staaten Bürgschaft leisten sollten, dass jene Verzichtleistung nie gebrochen werden würde.⁵) Die englische Regierung war gleich bereit
dazu, und die französische gab dem Drängen Schaub's nach, welcher

---

¹) König Georg an König Philipp, St. James, 1. Juni 1720. R. O.
²) Oberst Stanhope an Lord Stair und Schaub, 24. Juni 1720. R. O.
³) Oberst Stanhope an Craggs, 23. September 1720. R. O.
⁴) Bericht Hoffmann's aus London, 3. December 1720. W. S. A.
⁵) Hoffmann an Lord Carteret, 9. April 1721. W. S. A.

seit März dieses Jahres in Paris Gesandter war.¹) Mit dieser principiellen Zustimmung war aber wenig gewonnen; es bedurfte noch langer Conferenzen und ausführlicher Depeschen, bevor jene Declaration endlich am 27. September unterzeichnet werden konnte.²) Man sollte meinen, dass nun auch die Renunciationsurkunden hätten ausgetauscht werden können, allein es war eine neue Schwierigkeit aufgetaucht: der Kaiser wie der König von Spanien führten in ihren betreffenden Renunciationen auch den Titel des anderen Souverains: Karl VI. nannte sich König von Spanien, Philipp Erzherzog von Oesterreich; da mussten erst Hoffmann und Possobuono am 19. November eine Erklärung unterzeichnen, in welcher beide Mächte gegen die unberechtigte Titelführung protestirten und zugleich aussprachen, dass durch die Gestattung dieses Gebrauchs kein Präjudiz geschaffen werden solle. Jetzt konnten endlich die Renunciationsinstrumente ausgewechselt werden. Die Wiener geheime Conferenz billigte dieses Vorgehen ihres Gesandten und beschloss zugleich am Ende des Jahres 1721, in Paris und London Erklärungen zu verlangen, warum der Congress bis jetzt noch nicht eröffnet worden sei. Schon vor Monaten hatte sie auf dringendes Zureden Pendtenriedter's beschlossen, die österreichischen Gesandten sollten sich unverzüglich nach Cambrai begeben, obwohl in der damaligen Sitzung Sinzendorf der Ansicht gewesen war, die Würde des Kaisers erheische es, dass seine Vertreter als die letzten am Orte des Congresses einzutreffen hätten.³) Jener Beschluss der Conferenz war aber noch nicht zur Ausführung gelangt; jetzt wurde er wiederholt.⁴) Der kaiserliche Hof hoffte, die anderen Mächte würden die spanischen und österreichischen Bevollmächtigten nicht gerne allein in Cambrai lassen, aus Besorgniss sie könnten unabhängig von fremder Vermittlung zu einem Einverständnisse gelangen und würden um dies zu vermeiden dann auch ihre Gesandten hin beordern. Der kaiserliche Hof wünschte dringend die Eröffnung des Congresses, denn die Annahme des Artikels über die kaiserliche Erbfolgeordnung von Seiten der übrigen Mächte lag Karl sehr am Herzen.

---

¹) Bericht Pendtenriedter's aus Paris, 13. Mai 1721. W. S. A.
²) Bericht Pendtenriedter's aus Paris, 29. September 1721. W. S. A.
³) Protokoll der Conferenz-Sitzung vom 12. Mai 1721. W. S. A.
⁴) Protokoll der Conferenz-Sitzung vom 16. December 1721. W. S. A.

Die Jahre 1720 und 1721 brachten in den Parteiverhältnissen der europäischen Mächte einen vollständigen Umschwung hervor. Zunächst veränderte sich die Stellung Englands zum Kaiser wesentlich. Letzterer hatte nur zu oft Grund gehabt zu klagen, dass sein englischer Freund seine Interessen allzuschlecht gewahrt und seine Forderungen und Wünsche in den seltensten Fällen berücksichtigt hatte; so erregte auch der energische Widerstand, welchen St. Saphorin dem savoyischen Heiratsprojecte entgegengestellt hatte und der schliesslich die Ausführung hintertrieb, das Missfallen des Kaisers. Durch die entschiedene Parteinahme Englands für den Prinzen Eugen, als dessen Stellung in Wien im Jahre 1719 durch allerhand Intriguen auf das Empfindlichste erschüttert worden war, versicherte sich der englische Gesandte auch vollständig die Sympathien des Grafen Althann, welcher bei Kaiser Karl in hoher Gunst stand. Bis zum Tode dieses Mannes blieb St. Saphorin's Stellung in Wien eine recht isolirte. Dazu kamen noch die Repressalien, welche England im Vereine mit Preussen und Hessen-Cassel gegen die Katholiken im Reiche ergriff. Mit Mühe kam es in dieser Sache in der zweiten Hälfte des Jahres 1720 zu einem Ausgleiche; doch schon zu Beginn 1721 wurde dieser durch neue protestantische Uebergriffe illusorisch gemacht.

Endlich starb am 5. Februar desselben Jahres der Schöpfer der Quadrupel-Allianz Lord Stanhope, welcher seit den Tagen, da er an der Seite des Erzherzogs Karl in Spanien gefochten hatte, diesem und dem österreichischen Staate eine treue Zuneigung bewahrt hatte. Sein Tod und der bald darauf erfolgte des andern Secretärs Craggs, sowie der Rücktritt Sunderland's machten der bisherigen Opposition unter den Whigs, der von Robert Walpole geführten Partei, Platz zum Amte. Stanhope's Freund, Lord Carteret, welcher ebenfalls in das neue Cabinet eintrat, sah sich bald überall von den Anhängern Walpole's in seiner Politik behindert, mit seinem Einflusse schwand auch allmälig der St. Saphorin's und Schaub's, der treuesten Mitarbeiter Stanhope's.

Das Verhältniss des Kaisers zu Frankreich war seit dem Frieden von Utrecht nie ein besonders herzliches gewesen, stets war da England das Band, welches Beide zusammenhielt. Natürlich musste die Spannung, welche zwischen den Wiener und Londoner Cabineten jetzt eintrat, eine Rückwirkung ausüben. Nur einen Augenblick lang schienen Karl VI. und der Regent sich einander nähern zu wollen; es war dies um die Wende des Jahres 1720, da Frankreich die russischen Werbungen um Freundschaft kühl abwies, um sich den Kaiser zu verpflichten; denn Oesterreich zeigte in diesem und den folgenden Jahren grosse Besorgniss vor der nordischen Macht. Warum Dubois das that, erhellt daraus, dass er seit Anfang des Jahres 1720 seine Politik lediglich von dem Wunsche leiten liess, den Cardinalshut zu erlangen.

Es war das Werk Stanhope's gewesen, dass schon Ende 1719 König Georg den Regenten in einem eigenhändigen Schreiben aufgefordert hatte, seinem getreuen Minister den Purpur zu verschaffen. Für Papst Clemens XI. wurde diese Angelegenheit eine reiche Einnahmsquelle. Der französische Gesandte in Rom, Lafiteau, verschwendete Gold über Gold, ohne zum Ziele zu gelangen. Die Intervention des damals in Rom lebenden Prätendenten wurde in Anspruch genommen; vergebens, stets erhoben sich neue Schwierigkeiten. Es war Usus bei Cardinalsernennungen geworden, Oesterreich, Frankreich und Spanien gleichmässig zu berücksichtigen, so dass, wenn ein Franzose Cardinal wurde, gleichzeitig den beiden anderen Staaten je ein Cardinalshut versprochen werden musste. Um diese Schwierigkeit aus dem Wege zu räumen, wünschte Dubois vom Kaiser und Anjou die Erklärung zu erhalten, dass sie auf diese Compensation in seinem Falle verzichten würden. Darum auch die Annäherung an Karl VI.

Wirklich gab dieser infolge dessen Anfangs 1721 die gewünschte Erklärung. Mehr Schwierigkeiten machte Spanien. Hier bewahrten König und Königin dem Herzog von Orléans und seinem ersten Rathgeber unverändert ihre Antipathie, dazu war England's Einfluss, das, wie oben erwähnt wurde, jetzt gegen Frankreich auftrat, merklich gestiegen; trotz der Vermittlung des Herzogs von Parma konnte Dubois doch seinen Wunsch nicht gleich durchsetzen. Erst durch den Abbé de Mornay, früher französischer Gesandter in Lissabon, gelang es am 27. März 1721, jene Declaration zu erhalten. Um das kurz hier anzuschliessen, trat durch den Tod Clemens XI. ein neuer Aufschub ein; bald nachdem aber Cardinal Conti als

Innocenz XIII. den päpstlichen Stuhl bestiegen hatte, wurde der sehnlichste Wunsch Dubois' erfüllt.[1]) Der Abbé de Mornay hatte in Madrid, um seinen Zweck zu erreichen, mit grossen Anerbietungen herausrücken müssen: Dubois bot nichts weniger an als ein spanisch-französisch-englisches Bündniss, welches die spanischen Wünsche gegen den Kaiser vertreten sollte. Gleichzeitig machte Mornay Anträge über eine Heirat zwischen Ludwig XV. und einer spanischen Prinzessin. Anfang April that Dubois dem englischen Gesandten Schaub die ersten Eröffnungen über eine derartige Allianz; die Minister Georgs nahmen dies anfänglich kühl auf. Da sie aber selbst zu gleicher Zeit in Madrid über eine Convention mit Spanien unterhandelten, welche endlich die Gibraltar'sche Frage aus der Welt räumen sollte, und sich von einer Mitwirkung Frankreichs nur Erspriessliches versprachen, gingen sie bald darauf ein, und schon drei Wochen später legte Destouches in London das Allianzproject vor, welches dann mit ganz unwesentlichen Modificationen am 13. Juni in Madrid unterzeichnet wurde. Darin versprachen England und Frankreich, für die Staaten des Herzogs von Parma die Garantie zu übernehmen und ihm einen Gebietszuwachs zu verschaffen; auf dem Congresse wollten sie die spanischen Wünsche energisch unterstützen, sich besonders einer Aenderung in der Infeudation von Toscana und Parma nicht widersetzen, auch gestatten, dass spanische Garnisonen dahin gelegt würden; dann kamen nebensächliche Bestimmungen über Kriegsentschädigung und gegenseitige Hilfeleistung.

Bei diesen Verhandlungen versuchte England von Frankreich die Versicherung zu erlangen, dass es nie in den österreichischen oder holländischen Niederlanden Krieg führen und selbst wenn es von dort aus angegriffen würde, sich nur, soweit notwendig, vertheidigen wolle.[2]) Es ist schwer anzunehmen, dass England wirklich auf die Annahme einer derartigen Bedingung rechnete; wohl war es stets der Lieblingswunsch Englands, durch ein neutrales Gebiet die Ge-

---

[1]) Siehe darüber Lemontey, Histoire de la Régence II, 1—54. — Comte de Seilhac, L'Abbé Dubois II, 108—146.

[2]) Sir Schaub an Lord Carteret, 3. und 21. Mai 1721 — State Papers, Brit. Mus. 22515 und 22521. — Schaub war im Sommer 1720 in den Adelstand erhoben worden.

neralstaaten vor Frankreich zu schützen, vielleicht wollte es auch den Kaiser dadurch für die feindliche Haltung auf dem zu erwartenden Congresse entschädigen, jedenfalls blieb es aber eine ungeheuerliche Forderung, die auch in Paris auf die grösste Entrüstung stiess und bald fallen gelassen werden musste. Dagegen sollten die Staaten aufgefordert werden, dieser neuen Allianz beizutreten. Am selben Tage, 13. Juni, schloss auch England mit Spanien zu Madrid ein Separatabkommen, in welchem hauptsächlich der Streit über Gibraltar beendet wurde. König Georg verpflichtete sich durch ein neuerliches Schreiben, sobald es das Parlament gutheissen würde, die Frage der Abtretung Gibraltars oder eines entsprechenden Acquivalents zu betreiben. Dagegen wurde die Assiento-Angelegenheit zu Gunsten Englands geschlichtet.[1]) Spanien hatte in dieser Sache nachgegeben, der König und die Königin ihren Hass gegen Orléans unterdrücken müssen, denn gross waren die Vortheile, welche durch diese neue Allianz gewonnen wurden. Spanien trat aus seiner Isolirtheit heraus, löste den Kaiser von seinen Verbündeten los und erhielt die Aussicht, die Bedingungen der Quadrupel-Allianz wesentlich zu seinem Vortheil ändern zu können. Aber auch Frankreich und England schöpften grosse Vortheile aus dieser neuen Verbindung. Der Regent und Dubois schafften sich mit einem Schlage den Widerstand einer mächtigen Partei vom Halse. Jetzt, da der König sich seiner Mündigkeit näherte, mussten sie Sorge tragen, dass ihre Macht nicht schwinde; Dubois hatte überdies sein Ziel erreicht, Cardinal zu werden. England hatte seinem Handel neue Vortheile erworben, Gibraltar behalten und dem Prätendenten, dessen Umtriebe bisher in Spanien die grösste Unterstützung gefunden hatten, den letzten Bundesgenossen entzogen. Vom Kaiser war nichts zu erwarten. Seine Macht war durch die Eroberungen im letzten Türkenkriege und durch die Erwerbung Siciliens so gewaltig gestiegen, dass sie nicht vergrössert werden durfte; überdies drohte die neugegründete Compagnie in Ostende dem Handel der Westmächte sehr gefährlich zu werden.

Man hatte in Wien nur Kenntniss von dem Abschlusse des englisch-spanischen Abkommens, nicht aber von den Verhandlungen

---

[1]) Bericht Pendtenrieder's aus Paris, 20. Juni 1721. W. S. A.

einer dreifachen Allianz erhalten. Zwar hegte Pendtenriedter Verdacht, dass ein Einverständniss zwischen Frankreich und Spanien im Werke sei, als er jedoch im Monate Juli Dubois darüber befragte, leugnete dieser unerschütterlich.[1]) Es war daher ein höchst überraschendes und unwillkommenes Ereigniss, als die Nachricht beim kaiserlichen Hofe anlangte, der König von Spanien habe in einem Schreiben an den Herzog von Orléans seine Tochter als Gemahlin Ludwigs XV. angeboten.[2]) Bald kam dann auch noch die Kunde von der Verlobung des Prinzen von Asturien mit Mademoiselle de Montpensier.[3]) Aber auch für England war dies eine sehr unangenehme Ueberraschung. Mit solchem Geheimnisse waren die Verhandlungen in Madrid geführt worden, dass selbst Oberst Stanhope nichts davon entdeckt hatte.[4]) Eine derartige enge Verbindung der beiden bourbonischen Höfe konnte in London nur besorgnisserregend wirken; da sich aber nichts dagegen thun liess, machten die englischen Minister gute Miene zum bösen Spiel und zeigten Freude über die Doppelverlobung. Dieses Ereigniss machte sie aber nicht geneigter, den Congress zu beschleunigen, auf welchem sie ihren letzten Verpflichtungen gemäss für die spanischen Forderungen in so hohem Masse einzutreten hatten. Auch Dubois zeigte darin keine Eile. So erscheint es erklärlich, warum der Kaiser Ende des Jahres 1721 für den baldigen Zusammentritt des Congresses auftrat. Auf das heftige Andringen Pendtenriedter's hin entschloss sich auch die englische Regierung, dem Wiener Hofe etwas entgegenzukommen. Die Lords Polwarth und Withworth wurden an Stelle der früher genannten Staatsmänner zu Bevollmächtigten auf dem Congresse ernannt, und Ersterer erhielt Befehl, nach Paris zu gehen, um sich dort mit Dubois über die zu beobachtende Haltung ins Einvernehmen zu setzen. Dann sollte er nach Cambrai reisen.[5]) Pendtenriedter kam schon am 7. Februar 1722 dahin. In Paris beschloss man folgende Punkte auf dem Congresse zu verlangen: in der

---

[1]) Bericht Pendtenriedter's aus Paris, 11. Juli 1721. W. S. A.
[2]) Philipp V. an Ludwig XV., Escurial, 3. September 1721. M. A. E.
[3]) Bericht Pendtenriedter's aus Paris, 3. October 1721. W. S. A.
[4]) Lord Carteret an Oberst Stanhope, 8./19. September 1721. State Papers, Brit. Mus. 22516.
[5]) Bericht Pendtenriedter's aus Paris, 2. Februar 1722. W. S. A.

Frage der Titulatur und des goldenen Vliesses soll Spanien nachgeben, dagegen womöglich die Erklärung Toscanas und Parmas zu Reichslehen vermieden werden; wenn das nicht möglich wäre, so müssten zu gleicher Zeit vom Kaiser die Expectativen auf jene beiden Länder gegeben werden. Dubois hatte vorgeschlagen, die Infeudation erst nach dem Tode der jetzt Regierenden vorzunehmen, was aber die englischen Minister ablehnten. Trotz der Bestimmnng der Quadrupel-Allianz, dass nie ein König von Spanien Vormund des Grossherzogs von Toscana und Herzogs von Parma sein dürfe, sollte der Königin Elisabeth dieses Vorrecht eingeräumt werden; auch gegen den Aufenthalt Don Carlos' in Italien wollten die Mächte nichts einwenden.[1]) Diese Grundsätze, welche die englischen und französischen Vertreter auf dem Congresse einmüthig vertreten sollten, wichen in mancher Hinsicht von den Artikeln der Madrider Allianz vom Vorjahre ab. Man hatte eingesehen, dass damals mehr versprochen worden war, als man werde halten können. Dazu kam, dass Spanien intensiv zu rüsten begann; es war wohl nicht wahrscheinlich, dass es sich in einen neuen Krieg würde stürzen wollen, es plante nur eine Expedition gegen Oran, aber jedenfalls gaben diese Rüstungen den spanischen Forderungen auf dem Congresse ein grösseres Gewicht.[2]) Der Kaiser fasste diese kriegerischen Vorbereitungen im feindlichen Sinne auf, hielt Toscana für bedroht und rüstete seinerseits. Man sprach am Wiener Hofe ganz offen davon, dass man die Expectative auf Toscana dem bairischen Kurprinzen verschaffen wolle[3]) und den Prinzen Antonio von Parma gerne verheiratet sehen möchte; überdies war die österreichische Regierung der Ueberzeugung, England habe sich verpflichtet, nach Schluss des Congresses Gibraltar oder Port Mahon abzutreten und wolle deshalb die Eröffnung desselben möglichst lange hinausschieben. Es schien einen Augenblick lang, als ob die Waffen nach kurzer Ruhe wieder an einander schlagen sollten. Mit Mühe gelang es da Dubois und Schaub, welcher ganz das diplomatische Erbe Stanhope's angetreten zu haben schien, die drohende Gefahr zu beschwören. Sie erlangten von König Philipp die Erklärung, dass seine Rüstungen

---

[1]) Sir Schaub an Lord Polwarth, 1. April 1722. R. O.
[2]) Oberst Stanhope an Lord Carteret, 6. April 1722. R. O.
[3]) St. Saphorin an Sir Schaub, 17. Juni 1722. Han. A.

nicht dem europäischen Frieden gefährlich werden sollten;[1] daraufhin liess dieser durch Lawless in Paris ein Memoire überreichen, in welchem er sich seinerseits durch die Bewegungen der kaiserlichen Truppen für beunruhigt erklärte, des Kaisers guten Willen, die Expectativen auszustellen, anzweifelte und zur Garantie hiefür Gewährung der sofortigen Abreise Don Carlos' nach Italien forderte. Man versprach ihm, in den ersten zwei Punkten Genugthuung in Wien zu verschaffen, wofern er die Erfüllung des letzten Wunsches bis nach dem Ende des Congresses aufschieben wollte.[2] Damit war die spanische Regierung zufrieden. St. Saphorin, unterstützt von dem französischen Geschäftsträger in Wien, du Bourg, that nun sein Möglichstes, um hier eine gleiche Declaration zu erhalten, wie sie Spanien gegeben hatte. Er hatte die grösste Mühe dabei; nach dreimonatlichen Verhandlungen erst bequemte sich die geheime Conferenz dazu, zu gestatten, dass Sinzendorf ein Billet an Saphorin richte, ähnlich dem von Grimaldo an Oberst Stanhope gegebenen.[3] Sein Inhalt besagte, dass die kaiserlichen Rüstungen nichts gegen die Quadrupel-Allianz Feindliches zum Zwecke hätten. Von Italien war darin nicht die Rede. Da die Pariser Regierung vorausgesehen hatte, dass man sich in Wien genau nach dem Vorgehen Spaniens bei der Ausstellung dieser Declaration richten würde, so hatte sie von Grimaldo noch eine zweite Erklärung verlangt und erhalten, worin Philipp versprach, auf den Aufenthalt Don Carlos' in Italien vorläufig zu verzichten. Damit zwang nun St. Saphorin die Wiener Minister gleichfalls zu einer Nachtragserklärung, dass der Kaiser auch im Falle, dass während des Congresses einer der italienischen Fürsten sterben sollte, dem Regierungsantritte Don Carlos' nichts in den Weg legen wolle.[4]

Anfang November 1722 waren endlich die englischen Bevollmächtigten nach Cambrai gekommen. Auf den Rath St. Saphorin's verlangte aber die englische Regierung vor dem Zusammentritte des Congresses vom Kaiser die Expectativen für Don Carlos. Und

---

[1] Sir Schaub an St. Saphorin, 24. Juni 1722. Han. A.
[2] Lord Townshend an St. Saphorin, 7. Juni 1722. Han. A. — Sir Schaub an Lord Carteret, 11. Juli 1722. R. O.
[3] Protokoll der Conferenz-Sitzung vom 5. October 1722. W. S. A.
[4] St. Saphorin an Sir Schaub, 27. October 1722. Han. A.

da ohne diese die Infeudation nicht zu erhalten war, musste Oesterreich sich wohl oder übel dazu bequemen.¹) Am 3. Januar 1723 setzte die geheime Conferenz den Text der Expectativen fest;²) im Mai nahm sie einige von England und Spanien verlangte Aenderungen daran vor, doch erst im November konnten sie richtig ausgestellt übergeben werden.

Im Jahre 1723 starben in Frankreich die beiden Männer, welche die Begründer der Freundschaft mit England gewesen waren, Dubois und der Regent. Der Herzog von Bourbon wurde Premierminister. Wenn dieser auch sofort betheuerte, die gleiche Politik wie sein Vorgänger einhalten zu wollen, so wurde es doch bald fühlbar, dass die Zeiten, da Stanhope und dann Schaub vertraute Freunde Dubois' gewesen waren, sich geändert hatten. In Spanien wurde die Nachricht von dem Hinscheiden des Herzogs von Orléans mit lebhafter Freude aufgenommen.³) Hier trat bald ein grosser Umschwung ein; König Philipp dankte ab und zog sich mit seiner Gattin in das Escurial zurück. Sein junger Sohn Ludwig bestieg den Thron für wenige Monate, dann raffte ein früher Tod ihn dahin. Während seiner Regierung kam es endlich zur Eröffnung des Congresses in Cambrai. Am 10. Februar 1724 begaben sich die Gesandten aller Mächte in feierlichem Aufzuge zum Rathhause, wo die Eröffnungssitzung stattfand.⁴)

Volle zwei Monate vergingen damit, dass die gegenseitigen Vollmachten geprüft, beanständet, erneut wurden; dann gab es andere Formalitäten zu erfüllen. Erst im April stellten die kaiserlichen und spanischen Gesandten ihre Postulate fest und übergaben sie den Mediatores. Denn England und Frankreich gestatteten nicht den directen Verkehr zwischen Oesterreich und Spanien, sie wollten bis zum Ende die Vermittler bleiben; begreiflich, dass diese Art zu verhandeln eine unerhört schleppende war. Sie nahmen dazu eine immer feindlichere Haltung gegen den Kaiser an; Grund hiezu gab die wachsende Eifersucht über die neue österreichische Handelscom-

---

¹) St. Saphorin an Sir Schaub, 22. December 1722. Han. A.
²) Protokoll der Conferenz-Sitzung vom 3. Januar 1723. W. S. A.
³) Maréchal Tessé an den Herzog von Bourbon, 28. Februar 1724. M.A.E.
⁴) Referat vom 1. März über die Conferenz-Sitzung vom 28. Februar 1724. W. S. A.

pagnie. Sie wussten überdies von St. Saphorin, wie sehr dem Kaiser darum zu thun war, seine Erbfolgeordnung von den Mächten bestätigt zu erhalten; darum hofften sie auch alle möglichen Concessionen von ihm zu erreichen. Da traf in die langwierigen Verhandlungen wie ein Donnerschlag die erst gerüchtweise, dann immer sicherer auftretende Nachricht von einem beginnenden Einverständnisse zwischen Kaiser und Spanien. Seit Monaten befand sich Ripperda in Wien, um hier direct Frieden zu schliessen; als nun auf den Rath des Herzogs von Bourbon die kleine spanische Prinzessin in ihre Heimat zurückgeschickt wurde, da fand man in Wien den spanischen Unterhändler noch nachgiebiger, und am 30. April 1725 wurde jene Allianz geschlossen, welche bestimmt schien, die alte Monarchie Karls V. wieder aufleben zu lassen. Die feindlichen Häuser Habsburg und Bourbon wurden Freunde und Verbündete, das grosse Leben Ludwigs XIV. schien aus der Geschichte gelöscht.

www.ingramcontent.com/pod-product-compliance
Lightning Source LLC
Chambersburg PA
CBHW022139160426
43197CB00009B/1349